臺灣歷史與文化 研究輯刊

八 編

第29冊

美濃作家的在地書寫研究（下）

鍾怡彥 著

花木蘭文化出版社

國家圖書館出版品預行編目資料

美濃作家的在地書寫研究（下）／鍾怡彥 著 — 初版 — 新
北市：花木蘭文化出版社，2015〔民104〕
目 4+144 面；19×26 公分
（臺灣歷史與文化研究輯刊 八編；第 29 冊）
ISBN 978-986-404-455-9（精裝）
1. 臺灣文學 2. 文學評論
733.08   104015150

ISBN- 978-986-404-455-9

9 789864 044559

臺灣歷史與文化研究輯刊
八 編 第二九冊   ISBN：978-986-404-455-9

美濃作家的在地書寫研究（下）

作　　者　鍾怡彥
總 編 輯　杜潔祥
副總編輯　楊嘉樂
編　　輯　許郁翎
出　　版　花木蘭文化出版社
社　　長　高小娟
聯絡地址　235 新北市中和區中安街七二號十三樓
　　　　　電話：02-2923-1455／傳眞：02-2923-1452
網　　址　http://www.huamulan.tw 信箱 hml 810518@gmail.com
印　　刷　普羅文化出版廣告事業
初　　版　2015 年 9 月
全書字數　283118 字
定　　價　八編 29 冊（精裝）台幣 58,000 元

美濃作家的在地書寫研究（下）

鍾怡彥　著

目
次

下　冊

第五章　聚落文化的呈現

　　美濃，位於南臺灣的農業小鎮，百分之八、九十爲客家人，因地形封閉，交通不便，而保存了完整的客家文化。美濃居民大抵世代務農，繼承了先民勤勞的天性，也繼承了祖先遺留下來的傳統生活方式。筆者分爲傳統建築、飲食習慣、服飾裝扮、教育觀念、宗教信仰、生活習慣六部分，傳統建築中，以夥房、菸樓最能代表美濃的建築特色，其中意涵與農業有關；飲食習慣則承襲了傳統客家飲食習慣，以米食、醃漬文化爲主的客家飲食特色，近代交通改善後，漸漸已有新式飲食進入美濃；服飾裝扮則以婦女傳統藍衫爲其特色，此亦最令人印象深刻的穿著；客家人很重視子女教育，爲了要脫離農業，以求更好生活，讀書是唯一的方式；宗教信仰則以伯公、三山國王與法師爺爲主，其中關於伯公的書寫最多；生活習慣則是美濃人的日常生活，包括傳統保守、勞動身影、歲時年節與娛樂活動。本文將深入探討美濃作家如何在作品中，展現美濃的聚落文化。

第一節　傳統建築與家族歷史

　　美濃因地形閉塞，保留完整的客家傳統生活方式，其中最能凸顯美濃聚落文化的元素，是傳統建築，包括夥房、東門樓、菸樓等建築，這些傳統建築記錄著家族歷史，家族的日常生活、勞動與興衰，再配合自然環境與稻田景觀，構成了屬於美濃的人文地景，而作家透過文學，將美濃的聚落文化記錄下來，傳統建築成爲作品中重要的場所。

一、生活建築──夥房

美濃建築中，最重要的當屬夥房，它是客家文化匯集最多的地方。夥房亦稱「伙房」，伙代表夥，伙則來自同一口灶，同一伙食之意。夥房是一個家族共同生活、休憩、工作與延續後代的地方，所有的建築都是爲了因應家族成員的共同需要而設的，是客家人生活空間觀念與態度的展現。〔註1〕下面筆者將探討夥房的建築特色，沒落與重生，看看作家如何書寫這項地景，它在文學與家族歷史中占有何種角色。

（一）建築特色

夥房的最簡構造稱爲「穿鑿屋」，因先民由原鄉來臺開墾時，百廢待舉，根本無暇顧及住屋要講究營造。爲解決住的問題，因此多就地取材，用竹子和茅草，選個近水源又高爽的地方搭寮居住，「穿鑿屋」便應運而生。由於其冬暖夏涼，又不懼地震，被風吹掀了，可以隨時修妥，所以相當經濟方便。〔註2〕〈笠山農場〉裡，劉少興在正式開墾前，先在此蓋房子，其所興建的就是「穿鑿屋」，此種房子沒有夥房那麼完整的形式，因在半山腰興建住宅，土地面積不夠大，要興建夥房有其困難度，然而穿鑿屋卻能因地制宜，很適合山區地形。建築特色是以竹子爲柱、檁，另劈開竹片編織成牆面，以黏土敷於竹壁上可防風寒，講究者另以燒石灰敷成白牆面，屋頂則蓋以茅草。三開間爲基本單位，中爲廳堂，二側爲臥室，廚浴則另在旁搭一偏舍。〔註3〕一般山區民眾大都如此建築，甚至更簡陋，而劉少興是農場主人，房子自然不能馬虎，雖是趕工建好的，卻非常講究：

> 屋子雖然是在最大速度下「趕」出來的，但可也並不因陋就簡。相反的，它建造得相當雅致美觀。雖然它的式樣也和下庄老家的一樣是舊式建築，但比起來，它是更高大軒敞；在正廳前另蓋了一座涼亭，這是預備以後歇息用的，亭檐垂瀉，像伸開的鳥翼。門扉黑漆，有很重的桐油味，當中有一塊朱紅方格寫著大隻肥滿的「福」字。安了拱形鐵條的天青色窗框，嵌著光潔的玻璃，彷彿動物的鱗甲，

〔註1〕 劉還月：《台灣的客家人》，臺北：常民文化事業股份有限公司，2000.4，頁138～139。

〔註2〕 李幸祥：《六堆客家故事‧由古樸典雅到宏偉華麗》，高雄縣立文化中心，1997.4，頁40。

〔註3〕 《美濃鎮誌》，頁173。

> 在簷陰下發出明淨的光閃。牆壁一律刷上白得有些眩目的石灰，和
>
> 黑門紅瓦，相映成趣，瀟洒別致。〔註4〕

房子蓋得很雅致，高大軒敞，展現了主人開發農場的雄心，黑色的大門，代表了沈著、穩重；門上紅色的「福」字，在黑色的襯托中更加明顯；窗框是天青色，色彩明亮，給人沈靜、理智、高深、簡樸之感；牆壁是偏白色的石灰，含有潔淨、樸素、恬淡之意。新房屋代表新生活，房子擺脫暗沈的色調，以明亮、強烈的顏色出現在笠山，卻能與周圍環境相融合，不顯突兀。比較特別的是，劉少興還建了一座涼亭，此為一般住宅不會有的構造，涼亭也很講究，這裡是農場的重要場景，許多重要的情節，都發生於此，包括致遠受傷後，即停放於此；致平與淑華常在此談天；農場的左鄰右舍都喜歡聚集在此。

至於當初如何選定房子方位，劉少興不採風水說，他認為「取其當陽，開朗，通風，乾爽。我以為只要有這幾樣，住來自會平安。」〔註5〕由他蓋房子的理念看，他是比較開化的人，不信風水影響運勢之說，此外，亦顯示他是一個很有主見的人，不輕易相信別人的話，當然也很難說服他接受新知，總認為自己是對的，這個性格上的缺點，造成日後農場經營產生危機。

〈笠山農場〉中唯一寫到的夥房，是淑華家族的：

> 「五世同居」的劉家，在本村，也是數一數二的大「夥房」，在前清
> 時，它也曾繁榮過一個時候，可是伴隨著征服者日人的上陸，這夥
> 房便零落起來了。它那剝落的牆壁，和破陋的瓦甍，還有那荒涼冷
> 寂的氣息，這一切都在說明一去不返的日子，和一部變遷史。很深
> 的院子，是一式石砌的，在裡面右邊那個犄角，便是淑華的家。
>
> 〔註6〕

劉家夥房是竹頭庄數一數二的大夥房，前清時夥房人口眾多，皇帝還賜給「五世同居」匾額，在當地充滿故事性。但日本領臺後，夥房開始凋落，宗族各自散去，一座繁榮的夥房，如今僅剩荒涼冷寂，它的外觀殘存了過去家族光榮的歷史。其實美濃的夥房也都面臨破敗的危機，關於這點，筆者後面將討論，此處暫略。

〔註4〕 新版《鍾理和全集4》，頁58。
〔註5〕 新版《鍾理和全集4》，頁95。
〔註6〕 新版《鍾理和全集4》，頁106。

　　至於夥房的結構，以中間的庭院和廳堂為中心，其他房間依居住者的尊卑序列建構。正身的正間，供長輩居住；東西橫屋（護龍、廂房）供晚輩居住；院前有一排房屋，通常為客房、書房、雜間。整個住宅的外牆幾乎不設窗戶，通風和採光都依賴庭院。〔註7〕鍾鐵民有多篇作品介紹夥房建築，如〈雨後〉：

> 羅家是一個典型的農村家庭，半舊的紅磚房，正堂是祀奉祖先的享殿，兩旁廂房，接著左右兩個廳子，然後轉成橫屋；兩排橫屋和正堂前面廣場上舖著水泥，就是很好的曬穀禾埕，禾埕前種了一列扶桑花，修剪得十分齊整，似一條短牆。羅家兄弟兩人分住東西兩邊，羅添福住東面，菸樓聳立在橫屋後面，門窗都很講究，從外表上看，羅家應屬殷實的農戶。〔註8〕

男主角去相親的羅家，他們的夥房結構很標準，有正身、兩旁廂房、兩個廳子、橫屋、禾埕，夥房是以紅磚砌成，而非穿鑿屋用的簡陋材料。正身有祀奉祖先的正堂，兩旁的廂房為長輩居住，左右橫屋兄弟各一邊，禾埕可用來曬穀，扶桑花修剪得整齊，表示庭院也做過整理，橫屋後還有菸樓，由羅家夥房的結構可知，家境算是不錯的，媒人才會介紹給男主角。

　　夥房正中央的堂屋，一向給人陰森感，那裡不是給人住，卻是夥房中最重要的空間：

> 堂屋所以有陰森感，因為這兒也是家族成員最後離世的所在。客家人有一個想法，一定要死在堂屋，然後停靈堂屋，不能在堂屋裡斷氣或是不能停靈在此，是一個人的不幸及恥辱。橫死在外的人便不得入堂屋。所以早期鄉人建屋，一定要建三合院，建一間堂屋的正堂是子孫的榮耀，也是孝心的表現。〔註9〕

堂屋是專門用來祭祀祖先的空間，平時少有人進出，尤忌孩子在堂屋玩耍，最主要目的是要凸顯祭祀空間的莊嚴與神聖性，那是家族精神所在。〔註10〕而家族成員臨終前，一定要在堂屋斷氣，或要停靈於此，否則是一種恥辱，因那是夥房中最神聖的空間，代表榮耀。

〔註7〕《美濃鎮誌》，頁164。
〔註8〕《鍾鐵民全集2》，頁183～184。
〔註9〕《鍾鐵民全集6‧三合院的歲月》，頁106。
〔註10〕劉還月：《台灣的客家人》，頁139。

　　堂屋是祭祀祖先的空間，一般不會用作客廳，休息及接待客人的場所，是由廊構成的空間。「廊」是一過渡空間，恰位於正身祭祀空間和橫屋寢居間之間，並銜接廚室，三種不同空間屬性交會處。〔註11〕廊通常會築牆面，並留有窗戶，廊內可擺家具，成為家人起居休息場所，〈家園〉對於廊有詳細的介紹：

> 廊子在客家合院建築中是非常特別的空間，稱做廊子，原本就是夾在橫向的正屋與縱向的橫屋間的走廊通道，它連接著前院和後院，但也可以把它前後砌牆堵起，當作一個房間。因為合院正屋的大廳，客家習慣裡只祀奉祖先神位，不做起居使用。而廊子前後壁所開的窗子都十分寬大，採光通風良好，又有四個門，既可以通前後院，又連接著正身的祖堂和橫屋的廚房及房間，最適宜當作接待客人的客廳和家人聚集的飯廳，於是成了生活起居的中心點。在瀰力的客家莊，廊子幾乎全都被佈置得最舒適華麗。〔註12〕

文中很清楚的交代廊的性質與用途。「廊」，顧名思義是過道之處。除外，以飯廳、客廳的使用性質為多。它扮演著夥房、家族的樞紐角色，可適時地調整大家庭內部生活中矛盾衝突的一部份力量。〔註13〕客家人在屋內的時間，大約有一半都是在此度過的，此空間可增進家人情感，亦是社交最佳場所。

　　除了建築本身結構外，夥房還有一個重要空間，即「禾埕」：

> 禾埕是三合院建築的重要部分，禾埕越寬廣，氣派越大。外婆家五代同堂的禾埕就非常大，秋冬之際雨水漸少了，常常有跑江湖賣藝和賣藥的來借用。〔註14〕

禾埕越寬廣，夥房的氣派越大，它能象徵家族興旺與否。在農業社會中，禾埕最大的功用為曬穀、曬菜乾或作其他農用，若空間夠大，還有江湖賣藝、賣藥的來借用，主人也樂於出借，可為鄉里帶來熱鬧，贏得大家的尊敬。

　　夥房與美濃田野組合而成的地景，不同於北部客家夥房的景致：

> 美濃地方的夥房外觀上線條平直穩重，講實用而少裝飾，與北部客家夥房相比亦大異其趣。美濃的夥房很多都座落在田野間、坡地上，

〔註11〕　《美濃鎮誌》，頁184。
〔註12〕　《鍾鐵民全集4》，頁410。
〔註13〕　《美濃鎮誌》，頁184～185。
〔註14〕　《鍾鐵民全集6‧三合院的歲月》，頁106。

一無例外的四周植滿了檳榔樹、椰子樹或各種果樹，講究的人家四
面還有磚牆圍繞，綠樹紅瓦，古色古香，像極了國畫中農莊的景象。
〔註15〕

美濃夥房外觀線條平直，講實用少裝飾；座落在田野間，周圍種植檳榔、椰子
或其他果樹，有些還有磚牆圍繞，綠樹配上紅瓦，表現出古典之美。夥房讓人
文景觀與田園彼此結合，美濃不只有風景秀麗，客家夥房更展現出人文之美。

（二）夥房的沒落與重生

過去繁榮一時的夥房，至今日已逐漸沒落，探究其因有幾點：人口外移、
居住講究現代化、建築老舊無法維修、兄弟分家產權不清等。其中，最主要
的原因仍是人口外移，作家對於這種情形，亦感到憂心。

鍾鐵民〈三伯公傳奇〉即反映出這個問題：

三合院的夥房恁大，除了正身，外加左右橫屋，總共有十幾間的房
間。如果兒子女兒都一起回來，帶著內外孫，那時房間就不嫌多了。
但平常要維持夥房內外的清潔卻是大工作，三五天不整理就到處長
蜘蛛絲，像沒有人住的荒屋。這是阿喜嫂最沒辦法忍受的。〔註16〕

三合院的橫屋，可以因應人口增多而擴建，因此大家族常有二、三列橫屋，
若全家族的人都住一起，整個夥房會非常熱鬧，房間不嫌多。然而，當年輕
人到都市工作，鄉下僅留下兩老看顧這麼大的夥房，維持乾淨即成為負擔。
孩子假日才回鄉，平日無人居住，不打掃會讓夥房看起來更荒涼，維持乾淨，
至少能有點人氣，如果孩子臨時回家，隨時有乾淨的房間可休息。因此，阿
喜嫂秉持這個想法，每天不辭辛苦維持夥房的清潔。阿喜嫂常常想起過去夥
房的風光：

老銀喜的這座夥房原來是宗族中幾個堂兄弟共有的，一家又一家次
第遷走，權利就由他頂了下來。阿喜嫂打算將來三個兒子各自分得
一份。有好長一段時間，她希望能老老少少三代同堂，熱鬧和諧的
住在這個大夥房三合院裡。可惜的是現實生活使她不得不放棄這個
美夢。如今，除了過年和清明掃墓那幾天滿屋滿禾埕的家人和汽車
外，難得全家齊集，那麼大三合院就兩個老人守著。〔註17〕

〔註15〕《鍾鐵民全集6‧月光山下‧美濃》，頁314。
〔註16〕《鍾鐵民全集3》，頁12～13。
〔註17〕《鍾鐵民全集3》，頁13。

老銀喜的夥房原是宗族共有，後來一家一家搬走，於是他就將產權頂下來，這算是有此問題中，較幸運的結局，許多夥房常因產權而任其毀壞。這麼大的夥房，原本是希望孩子各得一份，阿喜嫂很想重溫三代同堂的熱鬧氣氛，可是，她必須得面對現實，小孩留在農村毫無前途，去都市工作才能有出路。於是僅過年和掃墓，才能家人團聚，假期一過，夥房又冷冷清清了。這種明顯的對比，對留守鄉下的老人很難熬，他們內心充滿了矛盾，一方面希望孩子留在鄉下，另一方面又希望孩子出去闖天下，他們則扮演夥房的角色，在鄉下等待家人返鄉。

　除了人口外移的因素外，民眾追求更好的生活品質也是原因之一，夥房老舊的建築與設備，已不符合現代人生活需求，農民經濟改善後，不再興建三合院，而是興建新式洋樓，美濃的田園地景，從田野中的夥房，逐漸變爲洋樓，甚至連棟公寓。鍾鐵民在〈月光下的小鎮〉中，提到「田間洋樓一棟棟的興建起來，連公寓樓房在幾年內也處處可以看到了。」〔註18〕田間的矮房已被樓房取代，新式樓房的生活機能較好，空間大、結構堅固，還可安裝各種現代化設備，這些對夥房來說，都是弱點，使得年輕一輩不願住夥房，而要興建新式住宅，享受更好的生活品質。〈三合院的歲月〉、〈美得濃庄〉即反映此事實，如：

> 就像台灣所有農村一樣，年輕的人口不容易留住，農業人口老化的很嚴重。所有的孩子從小就開始了準備長大後出外奮鬥，沒有誰作留下來的打算。所以很多大夥房三合院空空蕩蕩只剩兩個守舊巢的父母居住，有些任其倒塌，有些不願修整的乾脆拆掉重建新式樓房。
> 〔註19〕

如同臺灣其他農村，年輕人從小即被灌輸到都市才有希望的觀念，沒有人願意留在鄉下，於是夥房裡冷冷清清，只有老人留守，不見年輕活力。夥房缺少人氣漸漸毀壞，子孫既然不回鄉下住，何必花錢修繕，而任其崩毀；有些子孫經濟能力較好，乾脆拆掉重蓋，以洋樓取代夥房，既舒適又有面子。因此，美濃老街、田間的夥房一棟棟消失，改爲美輪美奐的樓房，過去的記憶逐漸被改寫。

　傳統建築的材料是木樑、磚瓦，不能永恆，夥房老舊後需要翻修，但材

〔註18〕《鍾鐵民全集3‧月光下的小鎮》，頁232。
〔註19〕《鍾鐵民全集6‧美得濃莊》，頁335。

料的取得不易，加上老師傅的凋零，要找人維修還不容易找到。翻修老屋最常見的作法有兩種：

> 三合院建材是木樑和磚瓦不能永恆，早期老舊的伙房，有許多需要翻修，除了少數保守的子弟集資重修，甚至改建成二樓，使祖堂高過所有其他房舍。也有些人把廊屋和房間內部重新改造裝潢，加上紗門紗窗，新式浴室，外觀上沒有改變，裡面徹底洋化，住起來也還滿舒服的呢！〔註20〕

比較保守的子弟會保留夥房的樣式，但改建為二樓，將祖堂移至二樓高過其他房間，與祖堂在正身一樣，都有尊敬、崇高之意，如此其他空間就能靈活運用，不受祖堂限制。若不願意將夥房拆掉，就將廊屋與房間重新改造裝潢，加上紗門紗窗、新式浴廁，外表仍是夥房，但裡面已徹底洋化，加上夥房冬暖夏涼的特性，住起來也是很舒服的，〈家園〉中主角涂家即採此作法。另外，在美濃還有一個現象，夥房與樓房同時存在，年輕人與長輩生活習慣不同，年輕的喜歡住洋樓，而老一輩的人，則認為還是矮房比較舒服，就有父母仍住夥房，子弟住樓房的情形出現。

除了重新裝潢內部，讓夥房重生外，對於庭院也開始講究：

> 所有的同事家，庭院栽種的花木都非常漂亮，連鄰近的一些農友也有自己的小花園。農村三合院前空地上以前的菜園，如今出現了紅黃各色的花朵，生活的需求顯然有了改變。〔註21〕

過去三合院前的空地，常常就是菜園，提供一家大小青菜，而今人口減少，不須種太多菜，與其讓它荒蕪長草，不如種種花草，妝點自己的房舍，這種改變在美濃越來越多，大家已經知道物質生活外，精神生活也要提升，有美麗的花朵點綴庭院，會令人精神愉快的。

夥房在美濃人集體記憶中，佔有重要角色，它記錄著家族歷史的興衰，作家對夥房具有濃濃的情感，認為對美濃人來說，是一種歸屬感：

> 這間屋是祖公留下來的，可以講是我們的根，小人仔（小孩）在這種地方成人長大，不管以後去到世界的那角，他們一定會永遠感念著故鄉的夥房屋，自然會有落葉歸根的想法。如果拆掉了改建成別墅，雖然看起來蓋靚（漂亮），但是沒特色，行走到全世界都看得到

〔註20〕《鍾鐵民全集6‧三合院的歲月》，頁108～109。
〔註21〕《鍾鐵民全集5‧蒔花植草》，頁187。

相同的別莊，很自然的對土地認同感就會淡薄，久了就失去根了。〔註22〕

祖先的記憶、家族的記憶，甚至是兒時的記憶，全都留在老夥房中，那是家族的根，不能抹滅的，留著夥房，後代子孫才能有根。而拆掉重建，房子失去獨特性，與其他各地的樓房有何差別，雖然漂亮，但卻不具有歷史意義與家族精神，對土地的依戀會消失，甚至將土地看成商品買賣，毫無情感。鍾鐵鈞〈夥房〉一文，將夥房提升為心靈的故鄉，不單純是住宅，而是人與土地連結的重要關鍵。因為家庭依附於夥房的家祠，而家祠又依附於土地。所以，在土地和家庭之間，就產生了一種緊密的聯繫。這裡就是這個家庭永久的住所，它不會夢想有朝一日會離開此地。〔註23〕

夥房之外，美濃還有一類相當特殊的建築，即菸樓，其重要性不亞於夥房，同樣是美濃的人文地景。

二、產業建築——菸樓

對於菸樓的描寫，以鍾理和〈菸樓〉最早，描寫得最仔細。作品寫於一九五七年，正值政府鼓勵種菸的時期，因此鍾理和將焦點放在新菸農興建菸樓的過程。根據「菸草種植人申請種菸條件」，欲獲得種菸許可，必須有幾個條件：1、菸樓（四坪或六坪）；2、土地；3、資金；4、勞力；5、種菸技術；6、菸田與菸樓在二公里以內。〔註24〕由此可知，菸樓的建造是首要條件，〈菸樓〉一文正是描寫在興建過程中，主角所遇到的各種困難。

首先，菸草是政府管制作物，要種植必須得到許可，然後由農會發送種子，才能成為菸農。為了得到種植許可，農民以緊張的心情參加抽籤，由於申請者眾多，因此以抽籤方式決定資格，中籤的機率只有五分之一，每個人都希望中籤的人是自己。大家心中只有一個想法，那就是：只要成為菸農，就可以擺脫貧窮。然而抽中籤後，接下來的工作才是真正的考驗。

其次，是資金。要種菸必須要有菸樓來燻乾，新菸農得自己將菸樓蓋起來。農會雖能貸款，但數目不多，絕大多數的財源必須自己想辦法。即使如此，主角蕭連發仍然堅持一定要完成自己的夢想，成為菸農。

〔註22〕　鍾鐵鈞：〈夥房〉，發表於《台灣日報》，2005.8.27～9.5。
〔註23〕　《論集體記憶》，頁111。
〔註24〕　台灣省菸酒公賣局：《台灣省菸酒公賣局局志》，1996，頁59～60。

> 雖然二三年來我即熱望著有一棟菸樓（菸葉乾燥室），但這並不是容
> 易的事，除開土地、勞力、技術不算，開始還得要一筆本錢——萬
> 多塊錢。而且這是僅限本座，如果把下舍倉庫也算上，那就要更多
> 了。據說本年僅有每分地六百元的耕作貸款，菸樓的建築貸款則已
> 削除了。新菸農的耕作面積是六分，僅能借到三千六百元，這數目
> 和需要的相差太遠了。〔註25〕

蓋一棟菸樓所需的經費，除開土地、勞力、技術，約要一萬多，然而這只是
本座，也就是菸葉乾燥室的費用，其他如保存已烘乾菸葉的儲藏室還不算在
內，因此對菸農來說，要興建菸樓是重大的決定，除了要考量家庭的勞動條
件以外，還必須取決於自身的經濟能力是否有足夠的經費可以興建一棟菸
樓。〔註26〕

　　最後，是勞力。當稻作收成後，緊接著種菸與蓋菸樓一起進行，全都需
要勞力，讓人無法鬆懈。一旦進入菸葉種植期，就沒有休息的時候了：

> 稻子割起來，活計可就多了。翻土、運肥、種菸、接著要印土磚、
> 運砂石、水泥、木頭做菸樓。都是那麼緊緊的一樣迫著一樣，恍如
> 拉開了的弓兒，放鬆不得。〔註27〕

新菸農除了要翻土、種菸外，最大的工程是蓋菸樓，蓋菸樓需要很多材料，
首先是要做土磚，根據〈台灣省黃色種菸草耕作法〉的建議：「壁普通以土
磚建成，近有採用紅磚者，但其保溫效果不及前者，不過一旦發生水災時，
土磚壁容易傾塌，是其缺點，故容易遭受水災處，不妨採用基部紅磚，上
部土磚之混合式牆壁，……。」〔註28〕即使建議基部用紅磚，但大部分人
還是全用土磚，因為保溫效果比較好。而土磚的製作，是菸農參與菸樓營
造唯一的一項工作，因此，為了能節省經費，各個菸農無不傾全力出動自
家能夠勞動的人口和牲畜。〔註29〕蕭家共有四人，加兩隻牛，全都投入製
磚的工作：

〔註25〕 新版《鍾理和全集2》，頁2～3。
〔註26〕 鍾兆生：〈美濃地區菸樓空間營造之研究〉，樹德科技大學建築與古蹟維護系
　　　　 碩士論文，2004.12，頁3～4。
〔註27〕 新版《鍾理和全集2》，頁5。
〔註28〕 台灣省菸酒公賣局菸葉試驗所編：〈台灣省黃色菸草耕作法〉，收於《台菸通
　　　　 訊》，第5卷第10期，1967年，頁36～37。
〔註29〕 鍾兆生：〈美濃地區菸樓空間營造之研究〉，頁4～17。

> 天還不曾亮，我和有發趁著星光各趕了一條牛踹泥。泥深沒膝，裡面摻了牛屎和切得細細的稻草。這工作是累人的，我們兩個人都用勁地踹，拿鞭子抽牛。吃完早飯，就開始出磚，有發盛泥，招娣挑，我使磚斗。〔註30〕

土磚的製作很辛苦，若人手多，則製作工期約二到三天；人手少，就得多幾個工作天。土磚以牛屎、稻草做成，製作好後要曬乾，天氣好要曬二到三個星期，然而如果遇到下雨天，土磚會融化。蕭連發在這過程中，就遇到下雨天，使他們製作的土磚全都毀了，不得不重新開始，這就延後菸樓的工程進度了。除了印製土磚外，晚上還要去運砂石，一刻都不得閒，連覺都沒得睡，只能拖著疲累的身體，繼續工作。然而更糟的是，這時弟弟有發卻接到入伍通知，且四天後就要去報到，一點緩衝時間都沒有，對蕭家吃緊的人力，更是雪上加霜：

> 我們不愁有發去當兵，然而它來得確乎不巧，菸樓就要動工，事情正忙，有發一走，簡直就是斷了一隻手一隻腳，比起資金短絀更令我感到吃力。〔註31〕

有發一走，所有事情全落到哥哥連發身上，而連發幾天前被石頭砸傷腳，走路一跛一跛的，無法執行粗重的工作，此時有發就顯得極為重要，少了他就像少了一隻手，令哥哥煩惱不已。不過，就算再辛苦，只要回想母親當年即使生病，還被父親拖去林務局做工，她能做到，自己就沒理由做不到：

> 這裡又要錢！事情由四面八方一齊向我逼來。然而我卻不能退縮，就和有發不能不走一樣。好吧！從前父親拿了繩子拴在母親腰間拉出去做工，現在就讓我拴住自己的腰來拉吧，父親是倔強的，我也不能低下頭來。〔註32〕

客家人不認輸的硬頸精神，在這裡完全顯露出來，只要有一口氣在，再苦也可以克服，這也是菸葉能在美濃成功種植的原因之一。

鍾理和的〈菸樓〉描寫農民為了要種菸，必須克服萬難興建一棟菸樓，文中對菸樓興建的難題以故事的方式帶出，可看出菸樓對美濃人的重要性，必須用生命去建造的。

〔註30〕 新版《鍾理和全集2》，頁8。
〔註31〕 新版《鍾理和全集2》，頁12。
〔註32〕 新版《鍾理和全集2》，頁13。

　　菸樓的造型特殊，遠遠望去，突出於屋脊的小樓房，像閣樓，卻有二、三層之分，〔註33〕鍾鐵民〈月光下的小鎮〉說明了菸樓的構造：

> 菸樓的功用，當然是燻烤菸葉。那是一種二樓的建築，用大土磚砌成，屋頂上再建一個突出的小閣樓，閣樓兩旁開有通氣窗口，窗口有木門調節溫度和濕度。所有的菸樓全都是相同的形狀。〔註34〕

美濃的菸樓皆屬於「大阪式菸樓」，其特徵為氣窗設置於本灶〔註35〕的正上方，形式凸出，又稱塔樓式。〔註36〕這種造型的建築分佈於美濃平原上，成為美濃獨具特色的產業地景。

　　吳錦發〈閣樓〉的主角，有一段時間就待在菸樓旁的閣樓裡，此處環境清幽，恰好給他讀書：

> 閣樓和菸樓是建在一起的，這是我家鄉有菸樓的人家共同的建築方式。我家的閣樓和菸樓建在一片檳榔園裡，正好位於夥房的右方，閣樓是繞著菸樓的四面牆釘成的，木造的閣樓本來是作為貯藏室用的，客家話叫作「樓棚」；以前用來放一些農具，現在改為書房間臥室使用，原先是我小叔在用，現在他去當兵了，就轉移給我，……〔註37〕

為了讓孩子能有清幽環境讀書，特地將閣樓改為書房間臥室，以前是小叔使用，現在換成他使用，希望主角能跟他小叔一樣考上大學。文中點出幾個重點，即閣樓與菸樓是建在一起的，為美濃菸樓的共同興建方式；它的功用為儲藏室，客語稱「樓棚」；還有菸樓位於夥房右方，與夥房共同存在。

　　由於菸葉的種植和作業需要大量且密集的勞力，美濃地區的家族組織為了配合這種生產方式，使得聚族而居，家族組織中以大家庭的比例佔主要部分。在這種種的社會條件和內部家族組織的搭配下，「夥房」這個家族共同體因菸葉的生產得以維持，菸樓在生產條件不可或缺之下進入了美濃地區的歷史舞臺，「夥房——菸樓」的「家族組織——菸葉生產」成了新的美濃社群文化。不僅在社會內部形塑了「家族——菸業」共同體，在地理文化景觀、城

〔註33〕劉還月：《台灣的客家人》，頁140。
〔註34〕《鍾鐵民全集3》，頁237～238。
〔註35〕本灶即菸樓主體，烤菸室所在。
〔註36〕洪馨蘭：《台灣的菸業》，頁125。
〔註37〕吳錦發：《流沙之坑》，頁105。

鎮風貌、建築文化上，「夥房──菸樓」的共同體也成了新的地域文化象徵。〔註 38〕因此，菸樓與夥房的關係密不可分，根據〈台灣省黃色菸草耕作法〉的建議，「烤菸室建造之地點，應選日照良好，無大風襲擊，並需避免地下水位高而陰濕之處，爲管理方便計，以建於住宅附近爲宜。」〔註 39〕菸樓不只是工作場所，更是整個民宅空間的一部份。它不會獨立興建，而是與夥房相連接，並且融入居民的日常生活中。所以，鍾理和才會在日記裡記錄這段話：

> 與其說是有菸樓處，必是磚牆瓦屋，大廈高樓，倒不如說是磚牆瓦
> 屋，大廈高樓之旁必有菸樓聳峙，更能道出菸樓的本性來吧！〔註 40〕

菸樓是農民僅次於田地、夥房的生命體，並且成爲美濃的人文地標之一，把菸農家庭、家族夥房、社區鄰里和聚落城鎮緊密的結合在一起，其中的共同交集點便是菸樓，它是美濃命運中不可分割的一部分。〔註 41〕所以並不是有菸樓處必有夥房，而是有夥房處必有菸樓，更可看出菸樓對美濃的重要。在菸葉季節，它是生活的重心，所有人都圍繞著它打轉，因爲它讓家族聯繫更加緊密，鄰里間的感情也更和睦，它的本性如同客家人勤儉性格，外表樸素，卻是集所有勞動於一身。

此外，菸樓也是一種身分象徵：

> ……順妹她爸爸可是個死愛面子的人，又是兩棟菸樓的大主兒，他
> 會讓女兒去跟你喝西北風嗎？……〔註 42〕

菸樓除了是展現家族氣勢的資本外，還代表著種植菸葉，不僅能脫離以前生活的苦，並且有機會可以致富。因此有兩棟菸樓的人家，必定是有錢人。在菸葉極盛時期，只要家裡有菸樓，就不怕娶不到妻子，即使知道嫁過去會很辛苦，但仍心甘情願，因爲不用怕過窮苦的日子。若女孩家有菸樓，男孩家沒有，那這段戀情注定是不會有結果的。在美濃，菸樓成了財富的象徵。

然而，一九七〇年代以後，隨著社會型態改變，傳統的烤菸室逐漸被淘汰，取而代之的是以柴油爲燃料，溫度可用電腦控制的電腦烤菸設備，不僅可縮

〔註 38〕　《美濃鎮誌》，頁 187。
〔註 39〕　台灣省菸酒公賣局菸葉試驗所編，〈台灣省黃色菸草耕作法〉，頁 36。
〔註 40〕　新版《鍾理和全集 6》1953 年 8 月 6 日日記，頁 189。
〔註 41〕　李允斐：〈土地‧菸樓‧人民的藝廊〉，《重返美濃》，臺中：晨星出版社，1994，頁 99。
〔註 42〕　《鍾鐵民全集 4‧菸田》，頁 412。

短烤菸時間，也不須要日夜派人顧火，節省許多人工，〔註 43〕於是改建成為一股風潮，鍾鐵民〈月光下的小鎮〉已反映這個現象：

> 農村人手越來越缺乏，美濃的情形跟臺灣其他地區的農村是一樣的，所以工資年年提高。改建電腦烤菸室後，可以節省不少人工，連最辛苦的烤菸工作都改成自動操作，可以輕鬆許多，難怪兩年之間，差不多家家都修建了。〔註 44〕

隨著人口外移，人力吃緊，加上用來烤菸的木柴取得不易，又有破壞環境的疑慮，於是政府提倡將傳統菸樓改建為電腦控制，因操作簡單，且不用派人看顧，人力可以自由運用，於是短短兩年間，美濃的菸樓幾乎都改建了。另一篇〈月光山下·美濃〉寫得更為詳細：

> 近兩三年來興起了電腦烘乾室，把過去最辛苦的燻烤菸葉的工作交由電腦來控制，沒有溫度曲線後供油供電就可以高枕安睡，省時省力，效果又好。一間電腦室可以燻烤兩公頃面積的菸草，等於傳統菸樓的兩倍。大部分繼續要種植菸草的人家紛紛把舊菸樓拆了，改建成電腦烘乾室。電腦室除了烘烤菸葉外，還可以烘乾稻穀、玉米和黃豆等，再過幾年，恐怕現在高聳的菸樓也將追隨在古舊的三合院夥房一樣，要漸漸消失不見了。〔註 45〕

科技的進步，改變了原有的生產模式，新式電腦烘乾室，可以用最省時省力的方式，將菸葉烤好，且容量又大，一次可以烤傳統菸樓兩倍的菸葉。這麼好用的設備，菸農接受的程度相當高，於是繼續種菸的農家，紛紛將舊菸樓拆除改建，即使設備價格偏高，仍願意貸款改建，為的就是可以節省許多人力與成本，而且用途多，還可烘乾稻穀、玉米、黃豆等作物，深受菸農歡迎。改建的結果，造成傳統菸樓也將與夥房一樣走入歷史，僅能成為記憶的一部份。

〈閣樓〉中的菸樓也是面臨改建的命運：

> 就在升學考試前一個星期，媽媽突然叫我搬離閣樓，回到原來的夥房去住，因為爸爸決定要把菸樓和閣樓一併給拆了，改建成電腦控制式的烤菸室；昔日那種燒柴的菸樓已經落伍了，而且也比不上電

〔註 43〕劉還月：《台灣的客家人》，頁 141。
〔註 44〕《鍾鐵民全集 3》，頁 239。
〔註 45〕《鍾鐵民全集 6》，頁 324。

　　腦控制式的現代烤菸室來得經濟，因此，村莊裡的種菸人家在公賣
局的指導之下，都紛紛把舊菸樓打掉，重蓋新式的菸樓。〔註46〕
即將考試的主角，突然接到命令搬回夥房，並不是擔心他在閣樓不用功，而
是閣樓與菸樓要拆除改建，對於這個發展，主角覺得不捨，因為這裡充滿了
他的回憶。然而不捨也無法改變事實，傳統菸樓已失去過去的功能，在時代
的潮流中，成為被淘汰的對象。

　　菸樓在文學上的意象表現，一直被塑造為勞動的象徵，有一棟菸樓，代
表整個家族必須投入全力，一刻都不得休息。然而，就是因為如此，美濃人
才會對菸樓有特殊的情感，菸樓曾帶給美濃與家族繁榮，但菸農一生的心力
卻都耗費於此，故對於菸樓有既愛又恨的複雜情感。

　　不過，「沒有了菸樓的美濃農家，景觀恐怕要失色多了。」〔註47〕因為菸
田與菸樓，美濃的重要文化地景，所有菸葉種植活動，最後要回歸菸樓，故
菸樓是美濃的重要建築，也是美濃人的集體記憶。菸草文化已轉變為族群特
徵，高勞力的菸葉種植，凝聚了人群與地方，讓美濃人能夠界定自我，並與
其他族群做出分別。

　　最後，則是美濃精神堡壘的古蹟建物──東門樓。

三、歷史建築──東門樓

　　美濃先民在開墾初期，為了防盜，防原住民或他族的侵襲，而建有一些
防禦設施，〔註48〕東門樓就是其中之一。東門樓最早興建於乾隆二十年，在
閣樓上供奉有文昌帝君、大白星君和關聖覽春秋的石雕像。〔註49〕現在的東
門樓經過多次修建，上頭仍掛有進士黃金團題刻的「大啓文明」匾額，是美
濃著名的建築。關於東門樓的由來，有多種說法，鍾鐵民在〈月光下的小鎮〉
中，有如此記載：

> 東門樓是乾隆二十年興建完成的，距離現在整整有兩百二十六年那
> 麼久了。門樓在美濃溪北岸，美濃溪河道由東方直衝美濃莊場，再
> 偏南繞過美濃老街向西流去，有人說修建門樓純粹是為了風水的理

〔註46〕 吳錦發：《流沙之坑》，頁196。
〔註47〕 《鍾鐵民全集3・月光下的小鎮》，頁239。
〔註48〕 曾逸昌：《客家概論》，頁479～480。
〔註49〕 曾逸昌：《客家概論》，頁480。

由，門樓上事奉神明有鎮壓作用；李偉中的外公卻認爲當初有禦敵
瞭望和防獸的功用。〔註50〕

曾有一種說法，認爲修建門樓純粹是爲了風水，並在上面事奉神明，用來鎮
壓美濃溪，使其不會氾濫，庄民才能安居。這種說法太迷信，可信度不高，
一般認爲是爲了防禦，美濃開墾之初，環境惡劣，需要較高的建築來守衛防
禦，才會興建東門樓。另一篇〈月光山下・美濃〉亦持相同看法。現在的東
門樓雖是民國六十一年修建的，但它早已是美濃重要的文化地景，傳統詩人
朱鼎豫〈東門樓〉一詩，歌頌了東門樓的美：

〈東門樓〉朱鼎豫

東門高聳一層樓，美水環流眼底收；

大啓人文垂後世，客家風味樂悠悠。〔註51〕

詩人先描寫東門的建築與環境，它比一般民房還高一層樓，有美濃溪流過，
視野遼闊，景色優美；接著說明它的人文特色，大啓文明的匾額，說明了美
濃文風鼎盛，門樓造型凸顯了客家特色。

而今，東門樓不僅是歷史建物，在美濃人的集體記憶中，佔有很重要的
地位，它成爲一種美濃的符碼，看到它，就能聯想美濃。在與美濃相關的許
多文宣或報導中，就常以東門樓作爲代表；此外，到美濃一定要去東門樓參
觀，當地人也以東門樓爲榮，那是美濃的精神堡壘。

東門樓是美濃的重要地標，然而寫入文學的機會卻不多，因爲它不是日
常生活的必需品。故在美濃書寫的作品裡，只有介紹到美濃的名勝古蹟時，
才會描寫東門樓，如鍾鐵民介紹美濃的小說〈月光下的小鎮〉與散文。吳錦
發〈東門城樓〉〔註52〕則感嘆東門樓被不斷改建後，原有的古味消失殆盡，
取而代之的是醜陋的建築形式。東門樓在文學上的重要性，不如夥房與菸樓，
因此它的象徵意義大於實用性。

門樓上的「大啓文明」一直是美濃人的驕傲，認爲美濃在清朝時出了一
位進士，非常了不起，表示這個地方風水相當好，文風鼎盛。其實對於子弟
的教育，一直是客家人最重視的事情，也是美濃人引以爲傲的工作，筆者將
於第四節分析美濃人的教育觀念。

〔註50〕《鍾鐵民全集3》，頁214。

〔註51〕邱春美：《六堆客家古典文學研究》，頁124。

〔註52〕見吳錦發：《永遠的傘姿》，臺中：晨星出版社，1986，頁51～54。

第二節　新舊併陳的飲食習慣

美濃的飲食習慣，是以客家傳統飲食特色為主，再融合其他族群的飲食習慣，呈現出新舊併陳的現象。關於飲食，傳統文學並無相關作品，故將以現代文學為分析文本，筆者將鍾理和、鍾鐵民、鍾鐵鈞、鍾永豐、吳錦發、劉洪貞等人的作品中，與飲食相關的部分整理出來，分為傳統飲食、新式飲食與點心三部分，最後再綜合這些飲食，說明作品中的飲食書寫特色，探討作家們筆下的美濃客家飲食。

一、傳統飲食

首先是傳統飲食，依食物的製作與材料，分為醃漬食品、米食文化、蕃薯、野味與野菜，第一、第二項為製作方式，後二項為食材。最後則是綜合性的傳統菜餚。

（一）醃漬食品

客家人過去因為生活遷徙不安定，經歷物資匱乏的年代，為了「有食當思無食之苦」，於是以「曬乾」、「醃漬」與「醬漬」三種方式，發展出能長期保存食物的技巧。〔註53〕美濃客家人承襲並研製食品加工技術，儲存以備夏秋之需和作為烹調菜餚的配料，而把醃漬技術世代相傳延續於今，形成獨特的食物風味，補充了三餐的菜餚。美濃的醃漬食品種類繁多，如豆豉、豆醬、蘿蔔苗乾、蘿蔔角、鹹菜、高麗菜乾、醬鳳梨等等，而最常出現在作品裡的，當屬蘿蔔醃漬品。

1、蘿蔔

蘿蔔，美濃重要的農產品，尤以白玉蘿蔔最為有名，蘿蔔是醬菜的重要材料，老一輩的人餐桌上不可少的小菜。

鍾理和作品中蘿蔔乾最常出現，甚至形容人也可以運用，如〈竹頭庄〉看到好友炳文的模樣，腦海裡馬上呈現出：「壓乾瘳了的蘿茯乾」〔註54〕，到娘家吃飯，餐桌上的菜餚少不了蘿蔔乾；〈笠山農場〉裡女工的便當打開來，也有蘿蔔乾。

〔註53〕楊昭景：〈擺盪於傳統與創新之中——談客家飲食特色及發展方向〉，《飲食文化基金會會訊》，第 11 卷第 3 期，2005.8，頁 27。

〔註54〕新版《鍾理和全集 1》，頁 113。

　　關於蘿蔔的作品，以鍾鐵民〈蘿蔔嫂〉最精彩，筆者即以本篇爲文本，分析美濃人對蘿蔔的集體記憶。〈蘿蔔嫂〉以蘿蔔和蕃薯的關係，鋪敘出一段姻緣。文章一開始先說明主角懷念蕃薯飯，甜甜的蕃薯，必須要配醬蘿蔔才對味：

> 那時節一連幾年，一日三餐幾乎全都是蕃薯簽飯，米粒只是拿來點綴的。有些人家乾脆連簽條都懶刷，整條蕃薯白水煮熟、吃飯時連碗也不必拿了。蕃薯太甜，日據時代好歹有鹹鰱魚可以配飯，貨源足又便宜，是鄉下人家不可少的菜餚。戰後日本鹹鰱魚突然沒有了，後來有鹹海魚乾，但要靠農會配給，大多時大家只有將就配著自家醃漬的各種醬菜來吃蕃薯。老薑、竹筍、鹹菜、鳳梨、大頭菜、破布子，每種夠鹹的醃菜他都吃過，也是那時候，他嚐到了她做的醬蘿蔔，也才知道了蘿蔔妹名不虛傳。〔註55〕

文中可看到各種醃漬品「老薑、竹筍、鹹菜、鳳梨、大頭菜、破布子」，幾乎鄉間常見的蔬果，皆能用來醃漬。而醃漬品的特色是「鹹」，用來配甜的蕃薯，才能下飯。主角的妻子很會醃漬蘿蔔，家裡到處都可以看到各式蘿蔔製品，由此帶出妻子的外號「蘿蔔妹」。接著時間又回到以前那個貧窮的年代，大家都吃蕃薯飯，但蕃薯太甜，必須配鹹的菜才能下嚥，在此時，他嚐到她做的醬蘿蔔，從此對她的手藝讚嘆不已。

　　至於蘿蔔配蕃薯除了在味道上很合外，還影射出兩人的關係：

> 事實上，光復後那個除了鹽以外什麼都缺乏的年代，農家誰不種那能生食能熟食，能醃漬又能曬乾，可以長年配飯的蘿蔔呢？只是蘿蔔妹好像有意去凸顯她對蘿蔔的特別感情，讓人家剛好能感覺得出來。在那樣的歲月中，蕃薯配蘿蔔還真是豈有此理的適宜哩！〔註56〕

主角因爲憨直，從小外號就稱做「蕃薯」，長大後成了蕃薯哥，女主角是「蘿蔔妹」，所以作者以幽默的語氣寫「蕃薯配蘿蔔還真是豈有此理的適宜」，說明他們的姻緣天生注定了。而蘿蔔對主角有一種莫名的吸引力：

> 當她閃身而過的時候，他的鼻尖嗅到空氣中飄過一股醃乾蘿蔔苗的淡淡的清香。而他最愛吃的就是母親所做的蘿蔔苗燉肉，所以印象

〔註55〕《鍾鐵民全集3》，頁172～173。
〔註56〕《鍾鐵民全集3》，頁173。

十分深刻。看著她頭也不回遠去的姿影，心中竟然有著些微的惆悵。
〔註57〕

當他第一次與女主角碰面時，鼻子裡聞到的是一股醃乾蘿蔔苗的清香，立刻讓他聯想起記憶中，母親的味道。所以當她頭也不回的離開時，主角竟然有些微的惆悵感，這對初次碰面的人來說，是很不可思議的，蘿蔔苗的清香成為喚醒記憶的關鍵。因此，當朋友們談到蘿蔔妹時，主角腦海除了她的臉孔外，還有一股蘿蔔苗的清香：

> 二姑村子裡漂亮的蘿蔔妹？他低著頭喃喃自唸著，忽然腦海中閃出
> 了一張氣得通紅的漂亮的臉孔，同時好像也嗅到了一股淡淡的蘿蔔
> 苗的清香。啊哈！他拍了一下大腿，那個妹子！一定是她！〔註58〕

這股清香，讓主角馬上明白原來她就是大家說的「蘿蔔妹」。而蘿蔔妹婉拒了其他的求婚者，卻答應與他結婚，這讓蕃薯哥喜出望外。所以，他們是由蘿蔔苗的香味牽線，才能結為夫妻。婚後的生活，蘿蔔妹並沒有變為蕃薯嫂，反而是蕃薯哥成了蘿蔔哥，這讓主角感到非常不解：

> 蘿蔔妹嫁蕃薯哥，順理成章當然變成了蕃薯嫂。令人不服的是，事
> 情常常有出乎常理的發展。婚後大家仍然習慣性的稱叫她蘿蔔妹，
> 這倒也算了，後來不知道是誰起的頭，什麼時候開始的，蘿蔔妹變
> 成了蘿蔔嫂，反而慢慢的把他叫成蘿蔔哥了，居然還通行四莊，無
> 有異議。〔註59〕

看來，蘿蔔在鄉下還是很受歡迎的，各種蘿蔔製品是農村必備食物，反倒是蕃薯喜愛的人並不多，所以自然無法勝過蘿蔔，另外，新鮮蘿蔔味道嗆鼻，醃漬過的味道濃郁，在味覺與嗅覺上遠遠勝過蕃薯，表示蘿蔔妹在家庭中屬於強勢，因此蘿蔔妹當然不會成為蕃薯嫂了。至於主角與蘿蔔的關係，是又愛又怕：

> 但生活一年年改善後，直到現在衣食豐足，他家桌上仍然三餐少不
> 了蘿蔔，所以，總合他這一生，他對蘿蔔可以說是又畏又愛。〔註60〕

即使豐衣足食，但飯桌上還是少不了蘿蔔，因此他一生跟蘿蔔是結下不解之

〔註57〕 《鍾鐵民全集3》，頁174。
〔註58〕 《鍾鐵民全集3》，頁176。
〔註59〕 《鍾鐵民全集3》，頁177。
〔註60〕 《鍾鐵民全集3》，頁178。

緣。妻子外號「蘿蔔妹」，他們結緣是因爲蘿蔔苗的香味，婚後，蘿蔔是餐桌上不變的飲食，蘿蔔妹則是家中強勢的人，他反而處處得聽她的吩咐，蕃薯成了配角。家裡的田總是種蘿蔔，即使女主角到都市裡住，仍不忘吩咐丈夫要記得爲蘿蔔澆水，他的一生對蘿蔔「又畏又愛」，實在無法分開。

此外，其他作品如〈山谷〉、〈蘿蔔角、玉蘭花與夜合〉，都有提到「醬蘿蔔」，且都非常下飯。

除鍾鐵民作品外，鍾永豐〈邏田〉〔註61〕中，亦有寫到客家先民開發美濃的辛苦，「三盤蘿蔔兩盤薑」解決三餐，極爲刻苦。鍾鐵鈞〈白玉飄香〉〔註62〕則寫到美濃的特產——白玉蘿蔔，介紹白玉蘿蔔的吃法，尤其是「蘿蔔苗」的製作與食用方式。

蘿蔔製品在客家飲食中，佔有重要的地位，美濃人的餐桌少不了它，而這也成爲作家生命的一部份，對蘿蔔的記憶，總是鮮明難忘的。

除了對醃漬蘿蔔的喜好外，文學裡出現的另一個醃漬食品爲鹹魚。

2、鹹魚

客家人避居山野，所運用的食材偏向山禽野味，以肉品爲主而少海鮮，取得的魚也以醃漬爲主，如此才容易保存。美濃地處偏遠，交通不便，鮮魚少又貴，於是鹹魚就取代鮮魚，成爲桌上佳餚，雖不是自製，但價格便宜，且夠鹹，配飯剛剛好。

關於鹹魚，鍾理和父子似乎情有獨鍾，美濃作家裡，就只有他們作品中出現鹹魚，如鍾理和如此寫道：「每個人一小塊鹹鰱魚，一小碟鹹白菜，一碗豆醬湯」〔註63〕、「各人把飯盒打開：有帶鹹魚的，有帶蘿茯乾的……。」〔註64〕作品中的鹹魚是日式的，而非中國廣東傳統的鹹魚，臺灣受日本統治五十年，飲食習慣上深受日本影響，客家飲食也不例外，鹹魚即爲一例。鍾理和只在作品中提到鹹魚，鍾鐵民〈鹹魚‧蕃薯飯〉則是專篇描寫鹹魚，敘述他對鹹魚的熱愛。

在物質缺乏的年代，鹹魚是最佳的配菜，尤其吃多了甜甜膩膩蕃薯飯的人，對於鹹魚更是懷念不已。因爲它很鹹，所以不須煮太多菜，就能吃完一

〔註61〕 收錄於《種樹》專輯。
〔註62〕 鍾鐵鈞：〈白玉飄香〉，刊登於高雄市立歷史博物館「高雄小故事」，2012.10.25。
〔註63〕 新版《鍾理和全集2‧登大武山記》，頁89。
〔註64〕 新版《鍾理和全集4‧笠山農場》，頁142。

頓飯，因此是窮人最好的佳餚，中國的鹹魚即為窮人的食物，它成了貧窮的
符碼。作品中的鹹魚雖是日本進口的，但仍是貧窮的象徵。客家話的鹹魚為
「鹹鱺魚」，是用鮭魚醃漬的，作者在聽到母親敘述鹹鱺魚如何好吃食，也嚮
往不已，後來如願以償的品嚐到此美味，果然與母親形容的一樣，撫慰了作
者的味蕾，讓他感到心滿意足。除了鹹鱺魚外，還有「鹹海臘」、「柴片魚」、
「鹹豆鰭」、「鯊魚干」、「鹹小管」、「四剖脯」等各類醃漬品，這些醃漬海產
陪許多人度過艱難歲月。

　　然而時空變遷，經濟發達後，現代人對鹹魚已有另一種看法，認為那是
不健康的食物，如作者的妻子：

> 山妻一直怕鹹魚那股腥味，她自己不吃鹹魚，便也從不買也不煎鹹
> 魚。有時我提出要求，她反對的理由卻是十分堂皇的。她說太鹹的
> 食物對中年以上的人有害。她那裡知道我就是靠鹹魚和醬菜養大的
> 呢！鹹魚醃在鹽堆裡，豈有不鹹之理。〔註65〕

鹹魚雖然下飯，但製作時需用大量的鹽醃漬，所以味道很鹹，對於人體是一
種負擔，因此作者的妻子以健康為理由，不願買鹹魚料理。現代社會一切以
健康為前提的情況下，鹹魚成了一種傷害健康的食品，但作者對此提出抗議，
過去生活物質差，要吃得下飯，得配鹹一點的食物，因此他說「我就是靠鹹
魚和醬菜養大的」，從小養成的飲食習慣，要改並不容易。

> 我和她年紀相差十歲，就這十年讓她不必再靠鹹魚醬菜過日子，所
> 以她不知道何謂異味！那必須帶著感情去品嚐！再看看我那三個丫
> 頭，一致都向母親看齊，將那一小塊鹹魚視之如毒物，連同沾到一
> 點味道的飯粒都全數撥入我的餐盤中。然後四個人八個眼珠子直瞪
> 著我看，看我品嚐鹹魚時那種舒爽滿足的神氣，四個人都一臉茫然，
> 大概把我看做最不可解的原始人了。〔註66〕

他認為妻子沒有經過那段艱苦的歲月，所以不知道鹹魚的好，並且提出吃鹹
魚必須帶感情去品嚐，才能瞭解那種美味，三個小孩與母親站在同一陣線，
對於味道濃郁的鹹魚避之唯恐不及，當作者在品嚐鹹魚時，他與妻女們成了
強烈的對比，一邊是充滿感情的品嚐鹹魚，一邊是以厭惡的表情看著鹹魚，
不同世代對於同一種食物，愛惡有著明顯的轉變。

〔註65〕《鍾鐵民全集5‧鹹魚蕃薯飯》，頁80～81。
〔註66〕《鍾鐵民全集5》，頁81～82。

　　鍾理和與鍾鐵民屬於臺灣戰後第一代、第二代作家，他們經歷過艱苦歲月，因此對鹹魚情有獨鍾，在作品中將鹹魚列為家常菜，並對其懷念不已，然而美濃年輕一輩的作家就沒有這種感情，他們懷念的滋味是醃蘿蔔、野菜之類的，作品中也沒有鹹魚這道菜。

（二）米食文化

　　客家人以米為主食，有稻米與糯米，稻米做成乾飯、粄條、米篩粄、木瓜粄、發粄等，糯米則可做成龜粄、粿等。筆者將美濃書寫中，關於米食的書寫，分為白飯、粄條、龜粄等，討論美濃作家的米食記憶。

1、白飯

　　首先是白飯，客家人因墾荒勞動需要大量勞力，故多半將米做成乾飯食用，較有飽足感，少吃稀飯或粥。〔註67〕這種習慣一直維持至今，尤其是老一輩的，很難改變。鍾理和的年代即使加了蕃薯簽，仍舊吃乾飯，不會變成地瓜稀飯。鍾鐵民作品同樣反映此種飲食習慣，如〈三伯公傳奇〉，主角早餐要吃乾飯：

> 老銀喜早餐要吃兩碗乾飯，幾十年的習慣。菜很簡單，即使只有醬竹筍和蘿蔔乾，他也一樣津津有味從不挑剔。但乾飯絕不能少，即使蕃薯簽飯，也一樣要兩碗三碗。這也是他在高雄兒子處待不下去的原因，牛奶、稀飯、豆漿、油條，那豈是人吃的？還是阿喜嫂的白米飯讓他覺得踏實飽足。〔註68〕

早上吃乾飯是客家人的習慣，配點醬菜或前一晚的剩菜，就感到很滿足，老銀喜一直以來都是這樣吃，對於都市人的早餐牛奶、稀飯、豆漿、油條等，他不喜歡，認為不能有飽足感，怎能有體力工作，無法認同這種餐點，還是乾飯最好。對於都市早餐的不習慣，讓這些上了年紀的人，很難待在都市，沒幾天就跑回美濃了。另一篇〈家園〉也是，老夫妻兩的早餐，一定是乾飯：

> 只有兩老夫妻用早餐，桌子上還是有五樣菜，青菜是自己種的，白煮的鳳菜上面澆著鳳梨醬汁，油炒長豆，一小盤蘿蔔絲煎蛋，光這三項涂吉光便胃口大開了，其他魚跟肉都是前一夜的剩菜，未必吃

〔註67〕楊昭景、邱文彬：〈生存、覺知與存在：客家飲食內含與發展〉，《餐旅暨家政學刊》，第2卷第1期，2005年，頁75。

〔註68〕《鍾鐵民全集3・三伯公傳奇》，頁8～9。

得到，但擺著看起來豐富。客家人早上習慣吃乾飯，特別在農忙期間，早餐一定要飽足才有氣力工作，十點前後還要補充一頓點心。〔註69〕

早餐與午餐、晚餐的菜色差別不大，頂多早上有加醬菜，前一晚的剩菜會加熱，但不一定會吃。夫妻兩人吃得清淡，有青菜、長豆、蘿蔔絲煎蛋就夠了，重點在白飯是不可少的，沒吃乾飯就好像沒吃早餐一樣，不會有飽足感。

白飯之外，米食還可做變化，做成各種米食製品，如美濃的特色小吃粄條。

2、粄條

美濃傳統食物，也是遊客必嚐美食，外出工作或居住的美濃人，回到家鄉，一定會去吃碗粄條解鄉愁。

首先在〈雨〉一文中寫到了粄條，主角黃進德最喜歡去的地方就是粄條店，不管是工作後或閒暇時，總是喜歡到粄條店坐坐，吃吃東西，並且可以知道許多鎮上發生的事，但鎮上缺水，正在進行求雨儀式，要求全鎮都要吃素，不過粄條沒肉，就不好吃了：

鎮裡大家都吃齋，沒有肉，行！可是外鄉人來了，沒有肉，那還像話？我這裡又不是齋堂，是粄仔店呢。〔註70〕

粄條是美濃傳統食物，與豬肉密不可分，湯要用大骨熬，麵裡還要加兩片豬肉，才能算完美的粄條，黃進德喜歡去粄條店，代表了他是很傳統的人，但他不遵守吃素的規矩，在粄條店裡大啖豬肉，又透露出其強悍作風與不肯妥協的個性。

粄條堪稱美濃的代表食物，也是最具鄉愁的食物，遊子回到美濃，必定去尋找記憶中那熟悉的味道：

在我們夜遊中，最令我高興的是一陣陣的面帕粄香氣不斷襲來，讓人忍不住地聞香下車。當那十年未見、熱騰騰的佳餚呈現眼前時，不知為何，我淚意甚濃。是它一直忠於原味，觸動了遊子懷鄉之情；抑或在這樣的冷夜裡，它帶來了無比的溫暖，讓人倍感溫馨和喜悅。〔註71〕

〔註69〕《鍾鐵民全集4》，頁428。
〔註70〕新版《鍾理和全集3》，頁269。
〔註71〕劉洪貞：《微溫的蔥油餅‧美濃夜未眠》，頁203。

美濃粄條的香味，最能引起注意的是濃濃蔥頭香，這是粄條的靈魂，少了紅蔥頭，粄條就會變得無光。久未返鄉的遊子，一回到美濃，首先一定到粄條店報到，那種香氣能夠解除積壓已久的鄉愁，粄條的口味一直都沒變，也是因為如此，才會令人懷念，那記憶中的味道。劉洪貞久居臺北，回美濃吃到粄條時，那種思鄉之情，頓然湧出，這就是家鄉的記憶。

鍾鐵民〈家園〉亦寫到遊子對粄條的思念：

> 瀰力的粄條是出了名的小吃美食，離家遊子在外面時最能引起鄉愁
> 的事物之一。「粄條」是方便外來遊客稱呼所改的華語名稱，本地人
> 稱作面帕粄。那是純米漿製作的食品，蒸熟切片之後略似寬粗的麵
> 條，煮法也略似陽春麵，最大特色是澆上一大匙用豬板油慢火爆香
> 的紅蔥頭酥，端出一碗面帕粄來，真的是油酥香氣四溢，連馬路上
> 的人都流口水。以前他在台北讀書的時代，一離家便是半年，偶然
> 在街頭聞到人家廚房爆香蔥，馬上想起家鄉的面帕粄，也就不由自
> 主的想起家來。而許多返鄉的遊子下車後第一件事，往往是先吃一
> 碗面帕粄然後回家。〔註72〕

粄條一直是遊子最思念的食物，尤其是上面加的紅蔥頭酥，主角走在臺北街頭，偶然聞到那種香味，都會聯想起粄條，一回到美濃，馬上去吃一碗解饞，也解除心中的鄉愁。回美濃沒去吃粄條，就好像沒回去一樣，成了在外遊子的共同心聲。

客家米食除了白飯、粄條外，鍾理和〈笠山農場〉裡寫到米篩粄、鍾鐵民〈木瓜的滋味〉中，提到的蘿蔔粄、芋頭粄與美濃特殊的食物——木瓜粄，以及〈家園〉裡的發粄，這些皆以在來米或蓬萊米做成的。客家的米食，還有另一種類型，即接下來則要討論的以糯米做成的粄，有龜粄、粿。其中以龜粄較重要。

3、龜粄

北部客家稱「紅粄」，南部客家稱「龜粄」。客家人的紅粄有兩種，一種是龜狀，一種是桃形，兩種都代表吉祥、長壽的意思。除了在結婚、祝壽、年節喜慶會打紅粄分送親友外，每年正月十五，一年內生有小壯丁的家庭，也會特別做紅粄謝恩祈福。例如〈笠山農場〉新居落成時，也送了紅龜粄：

〔註72〕《鍾鐵民全集4》，頁465。

> 涼亭裡放著一擔紅豔豔的龜粄擔子。他的嫂子告訴他說：淑華挑了
> 一擔，剛走了一會兒。〔註73〕

新居落成，劉少興按照習俗祭祖請客，傳統喜慶的食物紅龜粄，則是送人的必需品，作者特別強調「紅豔豔」，紅色有引人注目的、喜氣洋洋、熱情、豔麗、莊重、權勢等之心理作用，〔註74〕讓人無法忘記它的存在與重要性，非常適合用於喜慶。

在鍾鐵民的〈掛紙〉中，則以較輕鬆的筆調介紹了客家人掃墓的情形，客家人稱掃墓爲「掛紙」，祭品則集中描寫「紅龜粄」：

> 掃墓較特殊的祭品是紅龜粄，那是家家必備的供物。早年農家都要
> 自己蒸製，利用晚上空閒時間，幾家婦女合在一起忙亂，到深夜完
> 成後每個人各分十塊八塊帶回家，剛起籠的紅龜粄又軟又香又甜，
> 給家裡老老少少的喜樂無窮。〔註75〕

作者先說明「紅龜粄」在掃墓祭品中的地位，那是不可少的祭品，即使現在物質豐盛，大家幾乎不太愛吃紅龜粄，但紅龜粄還是會出現在祭品中，它已成了祭典的代表物。以前紅龜粄必須自己蒸製，每當掃墓之際，便是各家婦女忙碌的時候，她們除了白天的工作外，晚上還得忙著蒸紅龜粄，因爲這是女性的工作。接著，作者介紹紅龜粄的口味與其他用途的龜粄：

> 紅龜粄餡有芝麻米糊及紅豆沙兩種。每個有三指大小，如果這一年
> 家中生了男孩，那就要印製巴掌大的「新丁粄」，要有特大食量的人
> 才能吃下一塊呢！十二塊新丁粄擺在托盤上，眞是好看引人。〔註76〕

在重男輕女的客家社會裡，只有生男孩才會做紅龜粄，又稱「新丁粄」，象徵家裡添了新丁，是值得慶祝的大事，除了「新丁粄」外，還有紅蛋、油飯等分送給親友，讓大家一起分享喜悅，而生女則沒有任何慶祝，生男生女的差別待遇是很明顯的。

最後，則是說明祭拜完後，紅龜粄得分給附近看得到的人吃，這是一種約定俗成的習慣：

> 掛紙的祭品中，水果和紅龜粄在祭完後要分發出去，只要是墓地
> 附近看到的老老少少都有份。小時候物資極缺乏的時代，只要有

〔註73〕 新版《鍾理和全集4》，頁87。
〔註74〕 林書堯：《色彩認識論》，臺北：三民書局，1999.8，頁159。
〔註75〕 《鍾鐵民全集5》，頁95～96。
〔註76〕 《鍾鐵民全集5》，頁96。

人掛紙，從人家伐草清墓起，我們小孩群已在附近聚攏等待了，
等著人家分發點心稱做「打粄仔」。「打粄仔」時我們玩我們的遊
戲，只等祭拜結束，鞭炮響完就一定可以分得一或兩塊紅龜粄。
〔註77〕

在物質缺乏的年代，小孩最期待的就是掃墓季節，因為可以分到紅龜粄吃。
客家人掃墓並不是集中在某一天，而是從元宵節過後，就開始有人家掃墓了，
直到三月底，大致都已祭拜完畢，與其他族群在清明節掃墓是不同的。所以
孩子們可以有較長時間享受紅龜粄的滋味，而且還會比較哪一家的好吃。調
皮的孩子看到有人掃墓，就會唱起童謠，「碑石碑石，黃蠟蠟！你家粄仔給人
乞或不給人乞？不給人乞，牛屎上碑石！」〔註78〕「蠟」與「乞」客語同音，
有種恐嚇之意的童謠，目的在提醒掃墓的人不要忘了給紅龜粄。然而在物質
豐富的現代，掃墓完後雖仍有分送紅龜粄的習俗，但收到的龜粄卻沒人想吃，
想不收，又不好意思拒絕人家的好意，因此常常放到壞掉。早年孩子們聚攏
在墓地旁等分紅龜粄的情景不再，以前那種小孩搶著要吃的甜點，到了現代，
卻成了乏人問津的食物，只能說現代的孩子太幸福了。

鍾鐵鈞亦有一篇〈掛紙〉〔註79〕，內容有部分與鍾鐵民的重疊，不過對
於紅粄仔的製作，則有詳細的描寫。

其他粄類尚有劉洪貞〈草粿香〉〔註80〕中的草粿，裡面有包炒好的蘿蔔
絲餡，皮加了白頭翁草，呈現灰綠色。「當輕輕的咬它一口時，會發現淡淡的
草香中，還蘊藏著蘿蔔絲的香味。」而這味道令作者懷念不已，那是母親的
味道。

（三）蕃薯

客家人以米食為主，但無米可吃時，蕃薯成為唯一主食。如：〈竹頭庄〉，
描寫天旱造成的田野荒涼景象、車中農民的哀嘆，清楚感受到戰後農村普遍
的淒苦。而蕃薯因耐旱，且生命力強，在農作欠收時，成為農民重要的生活
依靠，除了蕃薯可以當主食外，葉子還可以當菜，蕃薯不夠時，就只能以葉
子裹腹。當時餐桌上的飯菜為：

〔註77〕《鍾鐵民全集5》，頁96。
〔註78〕《鍾鐵民全集5》，頁97。
〔註79〕鍾鐵鈞：《笠山依舊在・掛紙》，頁122。
〔註80〕劉洪貞：《紙傘美友情濃》，高雄縣立文化中心，1997.4，頁168。

> 二妻舅的女人，由男孩子手中奪過飯匙，將上面一層撥開，往鍋底
> 挖出一碗飯來放在我面前；又給她的婆婆盛好一碗。碗中儘是黃綠
> 色的小簽條，橫架豎串，縫間挾著疏疏落落的飯粒。再看他們的碗
> 中，則幾乎全是蕃薯簽。〔註81〕

蕃薯簽是蕃薯削成絲曬乾，在煮飯時連米一同煮，因其重量較輕，所以浮在
最上面，米則在鍋底。在艱困的年代，白米只是用來裝飾的，整鍋幾乎都是
蕃薯簽，此時誰先搶到飯匙，就能挖到最底下的白飯，平常大人也就任由孩
子搶飯匙，但有客人來時，白米必須讓給客人與長輩。桌上的菜色只有鴨蛋
湯最吸引人：

> 桌上的菜是：一碗豆豉，三大碗蕃薯葉；還有乾蘿蔔角。我面前放
> 了一大碗加上紅麴的鴨蛋湯，鮮紅奪目。孩子們跪在桌邊，目光貪
> 婪地瞅著蛋湯。〔註82〕

豆豉、蕃薯葉、蘿蔔乾成了桌上常見菜色，豆豉、蘿蔔乾是醃漬食品，容易
保存，且因較鹹剛好可以配甜的蕃薯飯。蛋湯加了紅麴，顏色鮮豔，與其他
菜色形成強烈對比，作者以紅色突顯出其重要性，是招待客人最好的食物，
無怪乎孩子們全都露出貪婪的目光，希望能吃到這美味的湯。

　　美濃竹頭庄蕃薯有名，是因為當地土質適合蕃薯生長，鍾鐵民〈大蕃薯〉
一文中，描述當地蕃薯收割期的盛況：

> 家鄉竹頭莊旱田和圍地多，蕃薯長得多又好，家家戶戶都種蕃薯，
> 每到收穫的時節只見農友一牛車一牛車將蕃薯搬運回家，堆積得滿
> 倉滿室。雞吃、狗吃、豬吃，孩子也吃。既是零食點心，也是正餐
> 主食。〔註83〕

蕃薯豐收後，用途很多，除了人可吃，動物也都吃，因為蕃薯營養很好，因
此竹頭庄的孩子都長得很壯。而黃金團向皇帝進獻蕃薯的傳說，更為當地蕃
薯增添傳奇色彩。

　　蕃薯本是很賤的植物，因為很好種，即使農作物欠收，甚至蕃薯沒得吃，
還有蕃薯葉可食用，在物質缺乏的年代，「吃蕃薯頭配蕃薯尾」是常有的事。
劉洪貞〈青青蕃薯葉〉藉由這極為平常的菜，來懷念母親：

〔註81〕　新版《鍾理和全集1》，頁116～117。
〔註82〕　新版《鍾理和全集1》，頁117。
〔註83〕　《鍾鐵民全集5》，頁72。

當時每當缺蔬菜時，阿母會摘下缺角種蕃薯葉莖部尾端較嫩部分，
清洗乾淨後切段，當鍋子熱的冒煙時，放兩匙豬油把拍打好的蒜末
爆香，然後把切好的蕃薯葉放入速炒，加入佐料即可盛起上桌，蕃
薯葉要炒的好，火候一定要夠速度也要快，否則很難好吃爽口。
〔註84〕

豬油加蒜末爆香，再放入蕃薯葉快炒，即可做出一道美味料理，材料簡單，
最能呈現蔬菜的原始味道，此種味道令作者想起母親的手藝，能將蕃薯葉炒
得又香又綠，讓她記憶深刻。除了快炒外，還可以涼拌：

蕃薯葉可熱炒也可用水燙類似涼拌。把足夠淹沒所要燙的蕃薯葉的
水煮開後，放下洗淨未切的蕃薯葉，用筷子把鍋內的蕃薯葉翻動，
全部熟後撈起，切好後裝入盤中，趁熱澆上豬油，拌些蒜末和醬油，
這樣的味道很滑潤順口和清香，是一道很可口的夏日菜餚。有時家
裡連豬油都沒有時，阿母在窮則變，變則通的情況下，她把蕃薯葉
燙熟後澆上一些醃豆腐乳的原汁，也是一道涼拌菜。〔註85〕

在物資缺乏的年代，每餐都吃蕃薯葉時，做母親的就得變出不同味道，沒有
豬油涼拌時，就以醃豆腐乳的汁來涼拌，讓蕃薯葉產生另一種吃法，光涼拌，
就可以有兩種吃法，可見母親的用心，為了讓家人能享用佳餚，即使平凡如
蕃薯葉，也能讓人回味無窮。

客居都市二十餘載，我一直很少買蕃薯葉做菜，因為我真的吃怕了，
只要看到它，我就可以體會出它的味道，不過有時想念阿母時，我
會破例的買一些，在清洗煮食中，懷念一下媽媽的味道，或許是難
得吃一次吧！所以每次吃起來味道都特別的好，蠻喜歡的。〔註86〕

當作者客居都市後，因幼時吃怕了蕃薯葉，後來都不太敢買。只有她想念母
親時，才會破例買一些，讓她回味母親的味道，並非偶爾吃才讓她覺得好吃，
而是記憶中母親對兒女的付出，使她覺得蕃薯葉特別好吃。她所品嚐的，並
不是菜的本身，而是菜後面母親的愛。

　　早年的客家飲食，過年過節才有肉類可吃，否則很少能夠吃到肉類，因
吃肉不容易，故獵捕野味成為補充蛋白質最好的方法。

〔註84〕劉洪貞：《未上好的柚子》，臺北：春耕出版社，1995.3，頁114。
〔註85〕劉洪貞：《未上好的柚子》，頁114。
〔註86〕劉洪貞：《未上好的柚子》，頁115。

（四）野菜與野味

客家飲食的特色之一是吃野，就是以各種野生植物或動物為食材做成食物。因作品眾多，筆者將描寫的野菜或野味歸類，有：

鍾理和：〈笠山農場〉有鱸鰻、溪蝦、溪哥、飯甑波等。

鍾鐵民：〈烏杜子粥〉吃龍葵粥；〈蕨菜？好吃！〉吃炒鴨舌草；〈飛機草〉吃炒山萵蒿；〈土狗仔與伯勞鳥〉吃油炸蟋蟀和烤伯勞；〈蜂與人〉吃蜂蟲；〈蝸牛〉吃蝸牛；〈通向學校的長路〉吃芒果、龍眼、蕃石榴、酸羊角、木棉花子房；〈青蛙〉吃青蛙；〈八月不聞禾蝦香〉吃烤禾蝦；〈清晨的起床號〉吃斑鳩；〈竹叢下的人家〉吃兔子、魚蝦、酸藤葉、木棉花嫩棉房、大蝸牛肉；〈雨後〉吃野兔、蕃薯、芒果；〈家園〉吃魚蝦等。

鍾鐵鈞：〈虎鶇的滋味〉吃虎鶇；〈毒魚的回憶〉、〈堵水抓魚樂〉吃魚蝦；〈蛤蟆蚓子滿田坎〉吃青蛙；〈磨刀河草青青〉吃蛇肉湯、蕃石榴、鹹莓仔、尖角、烏肚仔、打菠仔、烏螢屎、鹽酸仔、蕃蓁菠、蕨仔、袖珍蕃茄、毛瓜仔等；〈伯勞的哭泣〉吃烤伯勞；〈稻與鳥〉吃烤麻雀；〈烤鳥香〉吃紅嘴黑鵯、白頭翁、五色鳥、黃鸝、綠繡眼、麻雀、伯勞、竹雞、白環鸚嘴鵯、畫眉、斑文鳥、黑枕藍鶲、山紅頭、鵪鶉；〈挑柴〉吃蕃蓁菠、鹽酸仔、蕃石榴、芒果；〈蛇〉吃蛇肉等。

吳錦發：〈春秋茶室〉吃斑鳩、鵪鶉、河蜆、魚、炸青蛙、臭青母蛇肉湯等。

劉洪貞：〈福菜〉吃鴨舌草。

由上述歸納可知，美濃作家以鍾鐵民寫吃野的作品最多，共有十三篇，舉凡山上可以吃的動植物，都嘗試過，唯一不敢吃的是蝸牛肉；鍾鐵鈞有十篇，食物大致與鍾鐵民相似，差別在於獵捕過的鳥類種類繁多，幾乎山區的鳥類都吃過。吳錦發則限於美濃溪沿岸的動物。

鍾理和描寫野味，主要集中在〈笠山農場〉，如第二章劉少興去野餐，吃的就是磨刀河抓的魚蝦，相關野餐情形，已於本文第三章討論過，此處不再重複。在〈笠山農場〉中，還有一段跟野味有關重要情節，即饒新華父子因鱸鰻鬧得不愉快的事件：

> 饒新華走到面前，大夥都圍攏了看。鱸鰻兩大三小：大的有茶杯粗，
>
> 二尺長；小的，也有鐮柄大小，穿在籐串裡，不住的擺動。
>
> 「嚇，活的呢！」誰這樣吃驚地說。

「煮，新華哥！」又一個人有了主意。

「對！薑絲鱸鰻湯，又鮮，又嫩！」〔註87〕

饒新華在笠山河裡抓到五隻鱸鰻，原本要自己煮來吃，沒想到在回去的路上碰到其他男工，大家看到鱸鰻很吃驚，這可是上等美味，於是大家起鬨要煮湯喝，他迫不得已解下三隻小的給他們，這些男工還不滿意，這時兒子饒福全出來說話了，他希望男工們不要得寸進尺，給他們三隻已經夠了，剩下的是他父親要下酒的，這是福全的孝心。男工們卻不死心，他們知道饒新華喜歡喝酒，就設計他把剩下的兩隻鱸鰻拿來煮，福全知道他們的詭計，想阻止父親，卻被父親責備，讓他感到很灰心。作者以此事件帶出福全想離開農場的心思，饒新華喜歡當農場的長工，他最看不起種田與讀書人，所以希望兩個兒子都留在這裡當長工。然而福全卻與父親相反，他想要去種田，認為當長工是件可恥的事，也不想留在這裡，鱸鰻事件讓他更堅定要離開的決心。

鍾理和以鱸鰻事件帶出父子衝突，這種緊張情節，在鍾鐵民的作品中看不到，鍾鐵民有多篇作品描寫野味與野菜，情節溫馨，沒有衝突。如〈烏杜子粥〉藉由野菜「龍葵」來懷念岳父，因為這道「烏杜子粥」，是老人家生前想吃卻沒吃到的菜色，讓作者感慨萬千：

> 去年岳父動大腸手術，禁食四五天，我們去看他的時候，忽然對山妻表示很懷念她二嫂煮的烏杜子稀飯。我也是在老婆娘家吃到龍葵粥的，用一點豬肉片煮鹹稀飯加上烏杜子莖葉，滋味非常特別。很遺憾老人家從此不起，終究沒有機會再嚐到這道野味了。〔註88〕

烏杜子又稱龍葵，是鄉間很常見的一種野菜，果實味道微酸帶點甜味，其莖葉可以食用，一般是加薑絲快炒，煮成粥是比較特殊的料理方式，瘦肉粥加上烏杜子莖葉，鹹中帶苦，滋味特別。人生病時，總想吃點不一樣的味道，而粥特殊的味道使老人家懷念不已。可惜，他還未品嚐到，就已離開人世，留下遺憾，因此當作者看到妻子摘了一把烏杜子時，就想到這段往事，也感慨老人家的離世。

〈雨後〉描寫主角隨同父親一同去打獵，重溫過去的快樂時光：

> 經濟蕭條，肉類食物不足，祁家分家後，祁雙發就經常靠著幾門捕獸鋼夾和一面魚網，變出很多野味來補充家人營養。那時天星跟他

〔註87〕 新版《鍾理和全集4》，頁 152～155。
〔註88〕 《鍾鐵民全集5》，頁 127。

> 下河打魚，上山打獵。有時候中午趕不及回家吃飯時，他們曾經剝
> 獵獲的野兔用火燒熟，邊吃邊切，沒有收穫時焢兩個蕃薯，或摘幾
> 個半生的芒果，都能度過一餐。〔註89〕

客家人靠山吃山，他們在山裡找尋各種食物，不怕餓死。因此當物質缺乏時，祁雙發靠著到山裡打獵來養活家人，而天星則是小跟班，跟他到處打獵，父子兩感情非常要好，上了小學，天星還蹺課跟去打獵。長大後，父子兩一同打獵的時光不再，這次同行打獵，除重溫兒時記憶外，天星想要向父親求援，只有兩人單獨在山裡，才能夠敞開心胸暢談。因此，藉由這段小時候打獵吃野食的敘述，透露了父子兩的感情，也可隱約瞭解父親會支持天星的選擇。

　　吳錦發關於野味的書寫，主要集中在〈春秋茶室〉，處於發育期的青少年，總是吃不飽，因此野味成為他們填飽肚子的最佳食物：

> 我們在那兒用氣槍獵殺野鳥，潛到水裡摸蜆，或用自製的魚槍標魚，
> 到蘆葦叢中撿鴨蛋，或者到附近農家的地瓜田裡偷掘地瓜……我們
> 用各種方法獲得「補給品」；稱那些東西為「補給品」是因為我們老
> 覺得在家裡「吃不飽」，中午剛吃下三大碗飯，到河裡游一圈，不到
> 兩點鐘肚子又餓了，大家的食量都似乎奇大，阿威笑說那是因為大
> 家都正在「發育」。〔註90〕

正在發育的青少年，肚子似乎是無底洞，才剛吃完三大碗飯，不到兩小時，肚子就餓了，沒錢買零食，抓的最快，於是河邊樹叢成為他們獵食的基地，若能獵到體型大的動物，那就更完美了。

（五）客家菜餚

　　關於客家菜餚的書寫，筆者以鍾鐵民〈清明〉為例，此篇將這些菜餚與人際互動相連結，由菜餚反映人心。人是貪心的動物，尤其涉及錢時，即使親如家人，一樣會反目成仇，在〈清明〉一文中，作者描寫兄弟分家後，為了祖產而吵架，「清明」原是緬懷祖先的日子，但在這裡，卻因為祖先的財產，讓兄弟間不愉快，題目與內容成強烈對比，將作者的批判隱含在裡面。作品以煮一頓午餐為時間主軸，將整個爭產過程分別穿插其中，故事從廚房傳來的香味展開：

〔註89〕《鍾鐵民全集2》，頁204。
〔註90〕吳錦發：《春秋茶室》，頁136～137。

> 她打開風爐上冒著白氣的鍋子加進了半杓水，紅燒雞肉的香味登時
> 塞滿了整個廚房，也衝進了熱鬧的客廳。
>
> 坐在客廳裏的順妹首先抽動起她那多肉的鼻子，對肉類她一向有著
> 敏快的反應，尤其這時候她又剛好坐在廚房的門口。
>
> 「你聞到了嗎？那個……」她拋下原來的話題，專心地問起身邊的
> 美玉來了：「封肉，真香。」……
>
> 由於這股香氣太不平凡，使得喧嚷的聲浪暫時平息了片刻。女人的
> 談話，也就深深的引起男人們原始的本能，在經過這半天操勞奔走，
> 又加上半天爭論，就更加強烈到足以促成行動的地步，甚至於可以
> 拋開均分老屋的念頭。〔註91〕

掃墓是全家族團聚的日子，為了應付這麼多吃飯的人，做大嫂的一早就開始忙
碌，而這一餐最重要的就是「封肉」，食材為用來當祭品的豬肉和雞肉，整塊
放進鍋裡紅燒，客家人稱為「封肉」，是年節重要的菜色。大嫂煮這道菜，表
示對「清明」與家族成員的重視。當封肉的香味傳到客廳時，所有原本在爭論
的人全停了下來，大家都被香味吸引了，這股香味觸動了飢餓的腸胃，原始的
本能可以將分老屋的念頭蓋過。「封肉」代表傳統精神，分老屋是一種利益爭
奪，當封肉的香味傳來時，眾人傳統的家族觀念突然被喚醒，讓他們暫時忘記
爭產之事。正當他們在思考下一步時，突然傳來一股燒焦味，打破寂靜：

> 於是，幾乎是同一個動作，各人都呷了一口濃茶。空氣在廳子裏凍
> 結了，適時，有股濃郁的飯焦味衝開了窘境。
>
> 「怎麼，大阿嫂還照樣老煮火焦飯嗎？」金貴笑嘻嘻開口。
>
> 「牛牽到廣東去還是牛！變得了的嗎？」財貴淡淡地應一句。〔註92〕

原本大家沈醉於封肉的香味中，忘記財產爭奪，然而一股飯焦味讓他們重新
回到現實。「焦味」是這煮菜過程中，最常出現的味道，這股味道打破兄弟間
的窘境，弟弟們關心嫂嫂煮飯的技術，而哥哥則習以為常。故事由此開始激
烈的言語衝突，弟弟們對哥哥佔有祖屋不滿，大家言辭開始火爆，而廚房那
邊，財貴的妻子繼續煮飯，也要開始炒菜，而且是火爆雞下水，聲音非常大，
還是無法掩蓋爭吵的聲音，她一邊炒菜一邊關心客廳的狀況：

〔註91〕《鍾鐵民全集2》，頁337～335。
〔註92〕《鍾鐵民全集2》，頁336。

她開始洗鍋燒菜了。火爆雞下水的滋喳聲掩沒了客廳的說話，但是從
間或衝入耳中的聲浪中，她知道阿姊春娣和小姑秀娣美娣都已經回來
了，而且都熱烈地發言。加上小孩子叫笑，真是熱鬧得太過火了。

「快些弄出去給吃飽，吃飽喝足之後就好了。」她不住催促自己。

火旺鍋急，小灶上筍乾在燉著，風爐上封肉又冒出了焦味，她忙得
汗水不停地在脊背上流。

「把飯菜擺出去就好了。」她再告訴自己。

鏟起雞下水，再煮鹹菜時，鐵鍋的聲音就再也壓不住客廳裏的喧嚷。

她不能不注意到金貴的話，他的聲音又尖又暴，好像在跟誰大吵著
一般。〔註93〕

全家族的人都回來了，大家發言熱烈，又加上小孩在旁邊玩鬧，場面太過熱
鬧，她擔心會失控，只有吃飯能澆熄這火熱的局面，因此她不斷催促自己動
作快一點。然而欲速則不達，一下子要煮這麼多菜，無法仔細照顧，不小心
焦味又跑出來，這次是主菜封肉燒焦，代表兄弟不和即將達到高點，弟弟們
無理的要求讓哥哥非常不高興，此時又加入阿姊的聲音：

阿姊開口後，財貴嫂連鍋鏟都忘記翻動了。順妹和美玉兩個將切好
的青瓜芹菜和豬肉搬進廚房後原想出客廳去，一聽到阿姊氣沖沖的
聲音，立時又趕回爐前，悄悄地蹲下身子幫著靜英加柴搧火。〔註94〕

阿姊聽到弟弟金貴說她五十歲才結婚，別人說他們兄弟嫁姊姊，讓他們很沒
面子。阿姊非常生氣，她指責弟弟忘恩負義，若不是要照顧他們，她早就出
嫁了，為他們延誤婚姻，還被弟弟們說閒話，她感到生氣又失望。阿姊開口
後，所有人的注意力都集中過去，掌廚的財貴嫂也一樣，忘記她正在煮菜，
專心的聽阿姊講話，而要端菜出去的兩個弟媳，被客廳的氣氛嚇到躲回廚房。
阿姊的指責句句切中要害，將金貴罵得無法還嘴，而仔細聆聽的財貴嫂，突
然發現豆腐開始燒焦了，急著將豆腐翻面：

「……」金貴的聲音低得不能辨認，財貴嫂側過頭轉向門那面去都
沒有聽清，忽然她發現煎著的豆腐又焦皮了，急急揮動鍋鏟翻著，
她兩耳卻全神地專注在阿姊的聲音上。〔註95〕

〔註93〕　《鍾鐵民全集2》，頁348。
〔註94〕　《鍾鐵民全集2》，頁351。
〔註95〕　《鍾鐵民全集2》，頁353。

豆腐是很柔嫩的，就像女人的心一樣，金貴的話傷了阿姊柔嫩的心，所以豆
腐燒焦，代表阿姊的心被傷得很重。自知理虧的金貴，被罵得不敢回嘴，由
阿哥阿姊養大的他們，不知感恩，反而要跟哥哥爭財產，這間祖屋是哥哥花
錢買回來的，他們總以為哥哥佔便宜，阿姊的教訓，讓他們不敢再無理吵鬧。
阿姊說到激動處，不禁哭了起來，財貴嫂一聽，趕緊準備吃飯：

> 「快！」她對呆在那兒的順妹和美玉說：「快抹桌擺碗筷去，吃飯
> 啦！」
>
> 順妹美玉活動起來，一個捧碗筷，一個端出大飯甑。財貴嫂急著舀
> 出封肉，鹹菜筍乾都用特大號的大碗裝得尖起來。小孩子叫嚷得更
> 高更亂了，肉丸端出去後，她聽到了財貴酒瓶的聲音。
>
> 她等順妹捧完了菜，她再找出一個大碗舀入不少好菜，準備拉阿姊
> 進廚房裏來吃，這時候沒再聽到她的哭聲，想是美娣或誰將她帶進
> 房間裏去了。〔註96〕

阿姊的哭讓場面更不安，為了怕兄弟間感情破裂，財貴嫂認為要先將男人
安定下來，最好的方式就是吃飯，於是趕緊叫順妹和美玉擺碗筷，將菜餚
一樣樣端出去，「封肉」、「鹹菜筍干」、「肉丸」、「煎豆腐」都是客家傳統美
食，作者希望藉由傳統美食喚醒傳統的家庭觀念，重新回憶早年苦難的生
活，大家一起吃過苦，何必為了財產而鬧得不愉快。金貴批評她私藏好菜，
其實她是要給阿姊吃的，她喜歡阿姊，希望阿姊能吃好一點，補償她以前
的辛苦。

在〈清明〉裡，客廳吵得火熱，廚房同樣炒得火熱，飲食成了維繫家族
的最後一道防線，只有吃飯才能夠使他們冷靜，重現家族的和諧，因此作者
以準備午餐的過程為時間跨度，將衝突穿插其中，讓飲食沖淡其間的緊張關
係，到最後上菜時，緊張關係結束，大家歸於用餐的和平氣氛中。

鍾鐵民未完成小說〈家園〉中，提到了宴客料理，菜色有「傳統客家菜：
豬肉有大封、小封，木耳炒鳳梨、花生煲豬腳、酸菜筍乾，加上傳統菜單上
沒有的拼盤、生魚片、人參全雞湯。」〔註97〕這種菜色稱為半粗半細，即有
一半是傳統客家菜，另一部份是不是客家菜，對鄉下人來說，比較能接受，
若全都以海鮮或客家菜太少，反而不習慣，好像沒吃飽一樣。

〔註96〕 《鍾鐵民全集2》，頁356。
〔註97〕 《鍾鐵民全集4》，頁446。

　　客家傳統大菜封肉，對於美濃人而言，是過年過節的美好記憶，如鍾永豐〈化胎〉寫到「年下燜介封肉　頭擺事　像雜草交春」〔註98〕，封肉是美濃人過年必備的年菜，各家口味不同，最好吃的還是自己家的。因此歌詞以每到除夕就會想起母親燜的封肉，由食物想到過去的生活，並由此懷戀母親，封肉跳脫食物的範疇，成為一種記憶的符碼。

　　宴客吃不完的菜，也不浪費，將它們集中後再煮過，即成了「雜菜」：

> 傍晚前，做好事的主家就會擔著滿滿二鉛桶的雜菜，分發給所有鄰居。一桶是大、小封的豬肉；另一桶則是雜菜──鹹菜、筍乾、花生、鵪鶉蛋、芹菜、肉丸、高麗菜……等喜宴上的剩菜混合在一起香味奇特的大鍋菜。美味呀！光是雜菜汁，我們就能配三碗飯。
> 〔註99〕

雜菜很能表現客家人節儉不浪費的精神，宴客料理吃不完倒掉，對客家人來說是「折福」，浪費食物會遭天譴的，於是為了處理這些剩菜，將它們集中至大鍋，再煮沸調製過。單獨一種菜時，有它們自己的味道，而全部煮在一起時，味道卻出奇的好，因此有人特別喜好這種滋味，後來衍生出專賣雜菜的店家，讓想吃雜菜卻擔心衛生的人，能重溫習日的美味。

　　隨著時代進步，交通便利，美濃人的飲食習慣開始受到影響，過去不曾有的食物，已出現在作品中，筆者將這類非傳統食物，歸為新式飲食。

二、新式飲食

　　在美濃作家作品中，新式飲食有兩項，一為咖啡，另一為牛肉，筆者依這兩項分別論述。

（一）咖啡

　　〈笠山農場〉的時空背景是日據時期，那時的美濃還相當閉塞，而農場主人劉少興卻是見識深廣的人，他聽聞咖啡將來非常有潛力，於是咖啡樹成為農場主要作物，在當時可說是創舉，沒有人知道咖啡是何物：

> 趙丙基的扁鼻子再抽一抽：「可是我不明白這咖啡到底是什麼東西，做什麼用的。」

〔註98〕收錄於《我庄》專輯。
〔註99〕鍾鐵鈞：《笠山依舊在·雜菜》，頁104。

　　對此，那位粗手大腳的張永祥也沒有多少把握。

　　「總是泡茶喝的吧？」

　　「那是像茶葉一樣的了？」

　　「倒又不像茶葉；先得輾成粉，喝時再加點白糖。」

　　「你喝過，永祥？」

　　「沒有！」張永祥羞愧地搖搖頭。「我也是聽他們說的。他們說外國

　　人全喝這個。」〔註100〕

種咖啡的工人不知道什麼是咖啡，要怎麼飲用也是用猜測的，以為跟泡茶差
不多，只要再加糖就可以了，對當地人來說，咖啡是完全陌生的作物。至於
為何要種，是因為劉少興聽日本人說，外國人都喝這種飲品，而且未來所有
人都會喝，是一種很有潛力的作物，所以他才會決定種咖啡。除了咖啡外，
他也養牛：

　　少興哥計畫一邊種咖啡，一邊養牛。這牛，可是擠得出奶的，不像
　　農場從前養的那種牛。你們大概不知道，外邊就有這種牛，祇要把
　　奶頭一擠，就行了，就養這種牛——外國人喝咖啡，得攪牛奶的。

〔註101〕

他養的牛不是黃牛或水牛，而是乳牛，可見劉少興是一位很有遠見，願意接
受新事物的人。對於外來的飲食文化，他願意去嘗試，跟得上世界潮流。作
者一開始就寫出笠山農場要種咖啡，營造出劉少興現代化的形象，這種形象
讓劉致平產生希望，認為他應該可以接受同姓之婚，但事實上，他還是傳統
保守的，可從他送紅龜粄得知。

（二）牛肉

　　接著是牛肉，在農村，牛一向是農民的好朋友，因此老一輩的人不吃牛
肉，那是對牛的一種尊重。不過隨著時代改變，吃牛肉的風氣，逐漸在美濃
興盛。美濃作家中，鍾鐵民在作品中提及牛肉的次數最多，甚至超越粄條，
早在一九六四年創作的〈夜路〉，就已出現賣牛腸肺的攤子：

　　賣牛腸肺的那小攤子，仍擺在鎮公所前的空地上，兩個用電瓶發亮
　　的小燈泡，照著爐臺上冒出的滾滾熱氣和矮桌上幾個埋頭苦幹的

<hr />

〔註100〕新版《鍾理和全集4》，頁69～70。
〔註101〕新版《鍾理和全集4》，頁158～159。

人。電影院的彩色廣告，寂寞地豎在半天，水果攤前年輕的姑娘一
面跟幾個少年人搭訕，一面用杓子將木盆裡的湯汁一杓一杓往楊桃
片上澆。〔註102〕

賣牛腸肺的攤子擺在鎮公所前空地，正有客人在消費，客人大多年紀較輕，
作者描述簡略。〈雨後〉則對賣牛肚湯的攤子描述較仔細：

煮牛肚湯的生意正最好，客人三三兩兩的入座，切成細片的牛雜碎
在小竹籮中，這些都是煮熟過的，客人坐定後只要吩咐一聲「大鍋
裏」的，於是高個子的老闆用手往籮裏一抓，往大鍋裏投下，同時
準備淺碗，在碗底擱一小撮生薑絲和香菜，然後用長杓連肉帶湯從
大鍋裏舀出來倒進淺碗裏，老闆娘早已準備好一小碟子的辣椒醬，
連同冒著滾滾白氣的牛肚湯一同端到面前來了。〔註103〕

賣牛肚湯的營業時間在晚上，以十點過後的生意最好，那時有看第二場電
影的、還有一些吃宵夜的年輕男女。這在鍾理和的年代看不到，過去九點
過後，街上鮮有行人，粄條店早早就休息了，更別說想吃宵夜。當大家經
濟開始好轉，對生活更為講究，於是開始懂得享受，而娛樂事業帶動商機，
這些小吃攤，就擺在電影院旁鎮公所空地。看老闆熟練的技術，客人點菜
不需講太多，吩咐「大鍋裏」的，老闆就知道，可見這攤的生意很好，還
有很多老主顧。

〈王爺壇的皮影戲〉描寫到王爺壇看戲，兩旁有許多攤販，其中就有賣
「牛肚湯」的，「舅舅給我們每一個人一塊錢，可以買一碗粄條或一碗牛肚湯」
〔註104〕，牛肚湯與粄條價錢一樣，價格並不貴，因此能吸引許多人消費。

從〈夜路〉、〈雨後〉到〈王爺壇的皮影戲〉，雖是寫牛肉，卻是牛內臟，
牛肉價錢較高，農村還是無法消費得起，但內臟便宜，且客家人有食用內臟
的習慣，因此，牛肚湯、牛腸肺湯，才能在美濃擺攤。三篇寫作時間從一九
六四到一九七五年，十年間，賣牛內臟的攤子依舊還在，且生意興隆，可知
居民經濟好轉後，飲食習慣跟著改變，除了正餐外，還會吃宵夜。牛肚湯只
是點心，正餐的牛肉麵於一九七七年〈河鯉〉才出現：

吃過晚飯就依址找到了于家，然後載他到鎮裏，就在農會廣場上賣

〔註102〕《鍾鐵民全集4》，頁87。
〔註103〕《鍾鐵民全集2》，頁68～69。
〔註104〕《鍾鐵民全集6》，頁102。

牛肚湯的攤子坐下來，爲他叫了大碗牛肉麵，于春程跟他爸爸鬧脾
氣沒有吃晚飯。我燙了一盤牛肝，要了一杯米酒，陪著他慢慢啜著。
〔註105〕

主角爲了說服學生別休學，特意請他去吃牛肉麵，在農村，這是高級享受。
從一九六〇年代初期開始，美國爲了推銷小麥，在臺灣進行麵食推廣運動，
臺灣民眾麵食比例慢慢增加，大街小巷開設不少西點麵包店、牛肉麵店等，
〔註106〕連美濃都開始賣牛肉麵。除了麵食成功打入美濃的飲食習慣外，經
濟還是主因，有錢才能吃更好的。一九八四年的〈女人與甘蔗〉〔註107〕中，
牛肉麵已經成爲美濃人飲食的一部份，且地位比粄條高，想要老師請吃飯，
當然要吃較貴的牛肉麵；妻子覺得虧欠丈夫，亦想請他吃牛肉麵，以撫平他
的不滿。

　　過去農村眞的不吃牛嗎？鍾鐵民覺得不可能，在〈大舅的牛〉中，提出
佐證：

「吃一斤肉死後要還一斤肉。」鄉下人利用宗教輪迴之說嚇阻晚輩。
但是農村的牛到了老後，據我自小的了解，卻也沒有聽到過誰家的
牛是壽終正寢的，最後顯然還是葬入人們的五臟廟。雖然頗有些罪
惡感，擔心死後要被片片割肉償債，還是不能不把老朋友給吃了，
實在是喜好此味的人太多了，甚至廟口榕樹下公然擺攤在販賣牛肚
湯呢！不過，從前農村一直缺少肉類食物，想想也是無可奈何的事
情。〔註108〕

農戶們養的牛，年老後都到哪去了，當然不是壽終正寢，而是進了人們的肚
裡。長輩利用輪迴說恐嚇晚輩，讓他們不敢吃牛，但愛吃這味的人實在太多，
且交通發達後，外面的飲食開始影響美濃，吃牛肉已經不再有罪惡感，也不
需要偷偷摸摸吃，賣牛肚湯的甚至在廟口直接擺攤，完全沒有罪惡感。從農
業角度看，一九六〇年代起農業經營機械化，過去牛隻耕田、拉車的工作，已
被耕耘機與搬運車取代，一九八六年美濃出現第一家牛肉麵店，在此之前都
是小攤子，可見居民對牛肉的接受度越來越高，生意好到可以開店面，這個

〔註105〕《鍾鐵民全集2》，頁475。
〔註106〕劉志偉：《美援年代的鳥事並不如煙》，臺北：啓動文化，2012.11，頁65～68。
〔註107〕《鍾鐵民全集3》，頁59～76。
〔註108〕《鍾鐵民全集5》，頁40。

現象亦可視爲農業機械化的一項指標。〔註109〕

　　除了正餐外，節儉的美濃人很少吃點心，認爲那是浪費錢，因此美濃的點心樣式不多，僅能稍稍解饞。

三、點心

　　以前沒有咖啡店，沒有西餐廳，年輕男女約會，最好的地點在冰果室，那裡不會像一般飲食店油膩膩，還可吃冰涼的冰品，很適合情侶談天。因此鍾理和作品〈雨〉的女主角雲英與火生，他們約會的地點就選在冰果室：

> 的確她有一個愛人，名字也正如她們所說的：火生，在菸酒配銷所做事。她已和他約好晚上要在雙峰冰室相見呢。〔註110〕

> 她走到學校東旁一家小冰店，剛到門口，一個青年從裡面走了出來，青年是英俊煥發的，眼睛炯炯有神，充分流露出青春的活力與熱情。
> 〔註111〕

他們是青梅竹馬，長大後自由戀愛，兩人總是在冰店約會，是甜蜜回憶的場所，然而最後也是由冰店結束這段感情，他們因誤會在冰店大吵一架後，火生選擇出走，雲英被逼婚，最後自殺。即使結局不圓滿，但冰店給人的意象是甜甜蜜蜜，如同戀愛一般，他們最美好的時光都是在冰店度過。

　　冰品除了戀人愛吃，天氣熱時，也是很好的消暑食品，鍾鐵民〈過程〉一文中，有段主角與朋友吃冰粉丸的情節：

> 一個賣冰水粉丸的婦人挑著她的擔子過來。我要了兩碗。他忽然侷促不安起來了。他接過冰碗去的時候，樣子眞是無比的尷尬。我立時有了種覺悟，我心目中的很親近的朋友已經不再是眼前的壯漢了。當年那種一根冰棒輪流著吃的友人已經離我遠去，我們無心疏遠，可是我們中間早豎起了一面無形的籬笆，他在那一邊，我在這一邊，在精神上，我們永遠不能像從前那樣結合起來了。我們都低下頭默默地吃著冰涼的粉丸。〔註112〕

主角與朋友年輕時曾非常要好，兩人一同分享冰棒，有共同的理想要追求。

〔註109〕　《美濃鎮誌》，頁732。
〔註110〕　新版《鍾理和全集3》，頁230。
〔註111〕　新版《鍾理和全集3》，頁234。
〔註112〕　《鍾鐵民全集1》，頁221。

然而主角順利升學，也有好的工作，而朋友則因病無法升學，最後因爲家境貧困，被迫去山裡捆木頭，做苦工。當他們重逢時，主角很訝異朋友的變化，在聊天中，有賣粉丸的婦人走過，主角叫了兩碗，朋友卻顯出不安，因爲他身上沒有多餘的錢來吃。主角頓時明白他們已經無法再像以前那樣要好，兩人之間有了一道牆，牆的這邊是有地位、生活安逸的；另一邊則是貧困，爲了生活放棄理想，兩種生活方式造成彼此的疏離。主角明白後就請他吃粉丸，看朋友吃得高興，他也感到高興：

> 冰水粉丸非常清涼可口，我一匙匙慢慢往嘴裏送，我朝他看著，他對我滿足地笑了笑，那笑容那眼神使我突然地覺得我們又回到往日的光景，雖然只是那麼瞬間的意念，卻教我感到整個的高興起來。
> 〔註113〕

冰冰甜甜的粉丸逐漸將兩人的隔閡去除，一碗要不了多少錢的粉丸，竟能讓朋友露出滿足的笑容，他感到非常高興，彷彿兩人又回到以前一起吃冰的日子，這碗粉丸成爲兩人的潤滑劑。

除了冰品外，農忙時大家交工幫忙，主人家還要準備點心，爲他們補體力：

> 振富家每年收割準備的點心都特別好，通常大家爲求省事，大都買幾把乾麵條煮一大鍋湯麵，有些更是冷飯加白糖，大家肚子餓，隨便什麼都能塞得下去。振富家的點心不但考究而且多變化，這次的糯米油飯，魷魚香菇八寶全有。〔註114〕

農村人手不足時，會以交工的方式到各家幫忙，這時田主會準備點心招待他們，從點心的樣式，也可看出田主是否用心，一般只是用大鍋湯麵，就能讓來幫忙的人吃飽。但振富家的就不同，每年的點心都不一樣，這樣可以吸引更多人來他們家幫忙，既能贏得面子，又能讓大家更努力工作。

燻菸葉的季節，是孩子們可以熬夜的機會，每當輪到守夜時，總是特別開心，因爲可以準備點心：

> 我準備了一壺濃茶，還拿了一大堆生毛豆和花生；看爐火守夜，唯一的樂趣便是用爐火煨一些零嘴來吃；鄉下的孩子，我們煨的花樣特別多，從蕃薯、毛豆、小魚、小蝦、有時連蟋蟀、田雞也讓它進

〔註113〕《鍾鐵民全集1》，頁222。
〔註114〕《鍾鐵民全集2》，頁140。

到爐火裡去煨熟，就著濃茶品嚐，鄉土味十足。〔註115〕

吳錦發〈秋菊〉中，主角要看守爐火，準備了許多零嘴，什麼都能丟進爐火裡煨熟，配著濃茶一起品嚐，很有鄉土味。看守爐火是很重要的工作，必須隨時注意溫度，為免打瞌睡，孩子藉由吃點心提神，免得不小心睡著，造成菸葉燻壞。

兒時的點心，還有劉洪貞的〈土豆‧糖球〉〔註116〕裡，對土豆、糖球的美好記憶；鍾鐵民〈母兮鞠我〉〔註117〕同樣也有花生當零食，此為當時最享受的點心。

客家人重山珍輕海味，所以對於海鮮的料理不在行，也不太愛吃海鮮，對於食材以簡單烹調為主，不走精緻料理。

美濃作家的飲食書寫，仍以傳統飲食為主，新式飲食不多，因飲食是代代相傳的記憶，已深植在腦海，要改變並不容易。食材的取得，以當地農作物為主，且大都自給自足，除了鹹魚需要購買，蘿蔔、蕃薯、米等，農家大都有種植；野菜、野味等山裡取材，平常吃的食物可以不假外求。作家中，以鍾鐵民作品寫最多，食物亦最豐富，有傳統的米食類、醃漬類、蕃薯、野味，又有新式的牛肉類，飲食最多元。

飲食所代表的意涵，大都與情感有關，不管是回憶母親的味道，重溫兒時上山打獵的舊夢，勾起故人之思等正面感情；當然也有父子的衝突、手足關係緊張的情形。但這是負面關係是少數，早年物質雖缺乏，但作家對於那時的食物，仍保有美好的記憶。

美濃的傳統，除了飲食以外，女性衣著也是如此，第三節即分析這種傳統服飾在文學中的表現。

第三節　典雅實用的服飾配件

勤儉持家的客家人，在服飾配件的使用上，以經濟為原則，具備經濟性、便利性及長久性。就型態上而言，以實用為主要訴求，具備單純性、簡易性、適應性和保持寬鬆的古風性。女性飾品的選擇，亦以簡潔樸素典雅為主。〔註118〕

〔註115〕吳錦發：《秋菊》，頁 39。
〔註116〕劉洪貞：《未上好的袖子》，頁 164〜168。
〔註117〕《鍾鐵民全集 5》，頁 384〜387。
〔註118〕曾逸昌：《客家概論》，頁 449。

美濃婦女的傳統服飾，一向能吸引眾人目光，爲人驚嘆，它反映出美濃人的保守性格，另一方面，也展露出女性特有的優雅。對於藍衫的描寫，以鍾理和的作品最多，寫得最仔細，其次爲鍾鐵民，父子兩人對藍衫各有不同看法，本節將以他們兩人作品爲文本，分傳統服裝、工作裝扮與美濃紙傘三部分，探討美濃婦女服飾與配件的演變。

一、傳統服裝

「藍衫」爲客家女性傳統服裝之通稱，又稱爲「大襟衫」，是客家精神的象徵，以棉、麻等耐穿布料，透過大菁、木藍等植物原料染成。藍衫沒有衣領，但要滾邊，且襟不是在前面，而是開在右側。袖子寬大，約有一尺寬，袖口往上反捲，從袖口的袖花，可判斷女性是否已婚，有彩色袖花邊如黃邊、繡花的爲未婚少女，已婚婦女通常穿素色繡花，老年人的袖口爲藍邊。〔註119〕美濃書寫中，對藍衫描寫最深入的是鍾理和〈笠山農場〉，其時代背景爲日據時期，那時民風保守，主角劉致平到美濃視察，第一次見到女人穿著這種衣服，讓他驚歎不已：

> 兩人都穿著袖管和襟頭同樣安著鮮麗彩色闌干的雙藍長衫，漿洗得
> 清藍整潔，就像年輕女人的心。〔註120〕

長衫是指衣長長及小腿；藍衫是指布的顏色爲藍色，〔註121〕依作品裡對藍衫的描寫，袖管和襟頭都安著鮮麗彩色闌干，表示兩位女性都是未婚，而這鮮麗的色彩，正好反映出年輕女人的心。接著他觀察這裡的女性，她們的穿著仍保持來臺開墾時的形式：

> 婦女還梳著奇形怪狀的麵線髻，穿著安了華麗的彩色闌干的藍布長
> 衫，這是在移民時代由他們的來台祖宗和著扁擔山鋤一塊帶到島上
> 來的裝束，一直到現在沒有改變，而這又都是滿清遺留下來的文化
> 形式。在下庄，則年輕一輩的人幾乎都已改穿簡便美觀的花布短褂
> 了。〔註122〕

美濃三面環山，又有荖濃溪、旗山溪圍繞，受地形影響，交通不便，因此民

〔註119〕曾逸昌：《客家概論》，頁450。
〔註120〕新版《鍾理和全集4》，頁10。
〔註121〕《美濃鎮誌》，頁609。
〔註122〕新版《鍾理和全集4》，頁39。

風保守，在生活上保持完整的客家傳統特色，髮型梳著傳統的麵線髻〔註123〕，衣服仍穿著古老的藍衫，而同屬客家族群的屏東大路關，因與外界交通便利，年輕一輩早已不見此種穿著打扮了，花布短褂已取代古老穿著。這種保守風氣讓劉致平不可思議，也感受到與下庄不同的人文風情。

　　至於傳統客家服飾以素色、造型簡單、方便實用、耐穿、耐洗爲主，故簡單的白布衫、藍布衫、黑布衫爲主流，但遇到喜慶時，則以質感較佳、繡工精緻、顏色鮮豔的大紅、桃紅色系的服飾爲主。〔註124〕如〈笠山農場〉新居落成時宴客，負責招待的淑華與燕妹，就穿著與平常不同的藍衫，作者以藍衫的顏色，區分兩人不同的性格：

> 淑華今天穿著赤銅色紅口衫，袖上的闌干是藍色的，浪形的邊兒。
> 這衣服穿在她身上非常合式，頗能烘托出她的性格。她的腰間繫了
> 條用花布滾頭的圍身裙。〔註125〕

淑華穿著亮麗的藍衫，「赤銅色紅口衫」展現出她的開朗、熱情、活力，而闌干是藍色，還有浪形的邊，顯示出她的沈靜與理智，但又不失活潑之心。從衣著可以感受淑華是耀眼的，並且深深吸引致平的關注。而燕妹的穿著，雖不如淑華亮麗，但也有自己的風格：

> 燕妹穿著未曾漿洗過的簇新的藍衫，彷彿趕什麼神會一般；她一轉
> 動，這藍衫就悉索悉索地作響，好像在向人敘述少女們的輕快而歡
> 悅的心曲。由她身上，不住發散著染料和人體的那爲人所熟識的溫
> 暖的氣息。〔註126〕

燕妹並沒有穿亮麗的藍衫，而是穿全新未洗過的藍衫出場，走起路來會悉索悉索的響，引起別人的注意，展現少女輕快歡樂的心情，當然也希望能夠獲得致平多一點的關心。她沒有淑華亮眼，但卻散發著溫暖的氣息，她熱情，主動接近致平，甚至請媒婆向劉家說親，表明了她的積極性。這套衣服是要穿給致平看的，想讓他看看穿上全新藍衫的自己，也可以很吸引人。

〔註123〕麵線髻，客家傳統髮型，有兩把髮鬃、三把髮鬃之分。已婚婦女梳三把，平
　　　　日工作，或有梳兩把髮鬃的。另一般少女或學生的髮鬃，與大人不同處是前
　　　　中心分開，整個頭髮梳成一把式，用紅色絲線或毛線固定。見《美濃鎮誌》，
　　　　頁 598、601。
〔註124〕曾逸昌：《客家概論》，頁 449～450。
〔註125〕新版《鍾理和全集 4》，頁 67。
〔註126〕新版《鍾理和全集 4》，頁 75。

作者比較了上庄與下庄藍衫形式的不同：

> 她們二人都穿藍衫，袖筒口和襟頭都鑲著彩色的闌干。襟頭的闌干
> 比袖口的狹小，一直由腋下伸到頦下去。這式樣和他下庄的不同。
> 在他下庄老家那裡，二處闌干都是寬幅的，而且只到胸前。致平覺
> 得那是很笨鈍的，不像這裡的給人玲瓏纖巧的感覺。〔註127〕

兩地的差別在襟頭闌干的大小，美濃的比袖口狹小，而且由腋下延伸到頦下，
給人玲瓏纖巧的感覺，而下庄的兩處闌干寬幅相同，且只到胸部，少了變化，
感覺比較笨拙。致平喜歡美濃藍衫的版型，穿在女孩身上非常典雅好看。

在〈笠山農場〉裡，處處可見穿著藍衫的婦女，戰後一切已改變，鍾理
和回娘家的路上，他觀察了故鄉的改變，他發現婦女們有一半已經不穿藍衫
了：

> 還有：婦女們多半是不穿由移民以來便一直保留下來的古式齊膝長
> 衫了。她們一半為了日人的嚴厲禁令，一半也為了節省，很多人，
> 特別是年輕女人間已改穿了簡樸美觀的短褂。〔註128〕

戰爭後期，日本為推行皇民化運動，要求男女改穿西式服裝，男人改制後，
婦女仍遲遲不改，幾經勸導，才使部分婦女改穿西式服。〔註129〕因為禁令，
婦女改穿短褂，尤其是年輕女性，接受新事物的能力特別強，不再穿傳統藍
衫了。

藍衫的配件鈕子，有金、銀、銅或鑲嵌紅色玻璃等材質，扣頭下方附
有兩個圈環，人們可因應不同場合需求，自由拆卸套換。古時富有人家用
金蝴蝶固定及裝飾反折袖口，一般人則使用布紐、暗扣或別針固定。金鈕
鈕是從前美濃地區男方送女家的聘禮要件，〔註130〕如鍾理和〈菸樓〉中，
寫到的聘禮：「三樣金首飾：戒指、鈕子、耳環」〔註131〕，這些都是女性
重要配件。

美濃婦女穿新式服裝的改變，讓鍾理和很感慨，他在日記裡寫道：

> 田野裡，這裡那裡，開著朵朵美麗的花——這是穿改裝衫的年輕女
> 人。如退回三年前，這風景是見不到的。

〔註127〕新版《鍾理和全集4》，頁184。
〔註128〕新版《鍾理和全集1‧竹頭庄》，頁104。
〔註129〕《美濃鎮誌》，頁611。
〔註130〕鄭惠美引言，見「客委會數位臺灣客家庄」，網址：http://archives.hakka.gov.tw。
〔註131〕新版《鍾理和全集2‧菸樓》，頁184。

雖以地勢的「塞」和「蔽」，也抵不住那如水柔軟，而卻無孔不入的
文化的洶流。〔註132〕

也不過三年的時間而已，田野裡的景色，已從朵朵的藍色花，變爲彩色的美
麗花朵，女性服裝的改變，是時代的潮流，即使以美濃閉塞的地理環境，也
難以抵抗這種如水柔軟的文化侵襲，他不得不承認，美濃眞的變了，也跟上
流行風尚。鍾理和對於藍衫作了一些研究，在日記中如此記載：

一、過去我總認爲客家女人所穿的長衫是滿州人（清代）的遺制。

她們在清代由原鄉把這種衣飾帶過海島來，原鄉的文化其後仍不斷
在變化中，衣著隨著改變了，海島則因與原鄉隔絕，故反而把上代
的衣飾保留下來了，並且保留得如此完備。

二、她們的長衫平時是把袖筒捲起來的，闌干便安在翻轉來的袖筒
口上。這似乎和原制不同。其演變經過可能如此：古時的衣服，袖
筒多是長過手指，然而這於工作是非常不方便的，爲合於實際，袖
筒最初階段必是翻摺起來，工作後再放下的。久而久之，在工作時
始被翻起的袖子，平時也不放下了。然而這樣一來，安在袖口本來
作爲裝飾用的闌干便被隱進裡面去了，顯然這已失去了它的意義，
於是它也隨著被安在翻轉面的袖筒口上邊來了。

她們在祭神拜佛時放直袖筒，豈不是它最初本來如此的說明？〔註133〕

第一段他認爲藍衫是清朝遺留下來的傳統服飾，當初先民來臺開墾，將原有
的生活方式也帶到臺灣，而中國原鄉服裝已經變動，臺灣卻因海洋阻隔，反
倒保留了原有的穿著。此看法與現代的研究看法相似，即藍衫是祖先來臺時
的穿著，原鄉失傳了，卻在臺灣被保留了下來。第二段是關於爲何闌干要安
裝在袖子內側，而非外側，他推測應與工作習慣有關，原本也是安裝在外側
袖口，但袖子長，工作時得將袖子往上翻捲，久而久之，變成習慣，即使沒
有工作，袖子依舊反摺。如此一來，美麗的闌干就失去裝飾作用，於是將其
改良，安裝於內側袖口，工作時才能讓安裝於內側的闌干，發揮它的效果。
此推論尚無法得到證實，目前研究者大多以藍衫的形式演變爲主，對於闌干
爲何要裝於內側，並無相關說法。鍾理和提出的此見解，可知他對藍衫下了
不少功夫研究。

〔註132〕新版《鍾理和全集6》1953年8月1日日記，頁187。
〔註133〕新版《鍾理和全集6》1957年3月15日日記，頁216～217。

　　對藍衫的看法，到鍾鐵民時就不一樣了，一九六二年創作的小說〈人字石〉中，年輕人對於藍衫，已將它視爲守舊的代表，並感到丟臉：

> 這是鄉間的一個小村落，客運公司的終站。路邊豎著一根比人頭高的鐵管，頂上是圓形站牌，人們站在牌子底下。幾個穿著長藍衫的中年婦女站成一堆，比手劃腳毫無顧慮的談著，聲音之高遠勝從雜貨店裡收音機所播出的客家山歌；三個赤腳的小男孩子，在她們之間鑽來鑽去的追逐著。這是這地方的特色！就他所知，婦女的長藍衫是明代流傳至今的服裝，現在也只有他的家鄉這個客家莊還在穿那種古代的衣服，有時他不免爲鄉人的守舊自慚，特別像是這個時候。〔註134〕

主角在車站看到的婦女，依然穿著長藍衫，並且毫無忌憚的大聲講話，比收音機還大聲，孩子赤腳在她們之間鑽來鑽去，不加管束，這種景象讓他感到羞愧。尤其是她們的穿著，仍舊穿著古老型態的藍衫，雖是她們的習慣，然看在受過新式教育的年輕人眼裡，這是不開化的表現，因其他地方的女性，早已改穿美麗的新式服裝，只有自己的家鄉，依舊保守不變。幸好，他發現至少有一樣改變了，那就是髮型：

> 不過當他注意到她們的頭髮時，他稍感欣慰，那已不是阿孃草結似的髻鬃，而是蓬蓬鬆鬆鳥巢一樣的燙髮了，畢竟不完全是沒開化的族群了。〔註135〕

婦女不再梳草結似的髻鬃，而是能跟上流行，燙起頭髮了，這是唯一能讓他感到安慰的地方，畢竟新時代的潮流還是影響了此地，根深蒂固的傳統，總算開始鬆動。

　　不過美濃婦女的傳統服飾，到了七○年代卻成了美濃的地方特色，〈月光下的小鎮〉裡，寫到外地人初來到訪，第一個感到驚奇的就是服裝：

> 有些年長的婦女直到現在還穿著一種形式怪異的藍色長衫，據說那還是清朝時代所流傳下來的式樣呢！這種情形表現在生活的各方面，難怪第一次到美濃來的外地人，要懷疑自己到了另一個世紀裡了。〔註136〕

〔註134〕《鍾鐵民全集4》，頁18。
〔註135〕《鍾鐵民全集4》，頁18。
〔註136〕《鍾鐵民全集3》，頁231～232。

美濃保留濃厚的傳統色彩，對外地人來說是很新奇的，尤其對於藍衫更是驚嘆，沒想到在西方潮流的衝擊下，竟還能看到過去的傳統服飾，似乎有種時光倒轉的錯覺。散文〈月光山下·美濃〉亦寫到外地遊客對美濃的這種印象：

> 一直到今天，從外地初次來到美濃，乍然面對了古老的街道，生活態度安詳寧靜的居民，更看到三五年老婦女穿著從清朝沿襲到現在沒有改變的長藍衫，頭上紮著傳統古式的長髻鬃，立刻便有回到古老中國農村的感動了。回溯二十年前，這種裝扮還頗流行呢！
> 〔註137〕

不少遊客特地到美濃，就是為了看這古色古香的街道與藍衫婦女，甚至連雜誌、媒體都爭相採訪，藍衫婦女成為了美濃的文化地景，讓美濃的客家文化聲名大噪，而老太太們也開心地每天穿著藍衫，坐在街口與遊客照相，美濃的藍衫店，亦成為遊客必訪之地。不過，穿著藍衫的畢竟是少數，且都上了年紀，大部分的女性，都已改穿新式服裝，只是在色彩與樣式上，仍舊沿襲傳統習慣，以典雅、樸素、簡單為原則：

> 時髦濃艷的裝扮在美濃極為少見，男女都崇尚樸素簡單，即使是年輕的女孩子也不例外。長藍衫長髻鬃的古代裝扮在年輕一代已為陳蹟，改裝後典型裝束是白色或花布襯衫、素色長褲，難得見到擦粉抹脂的。職業婦女和女學生也只有在她們出外做事或讀書時才入境隨俗，穿裙子和洋裝，但一回到美濃家鄉，要面見親戚長輩之前，第一件事便是換下華麗的服飾。樸實無華的打扮，更能顯出她們儀態的端莊。〔註138〕

即使不穿藍衫，但樸素的記憶仍影響著美濃人，男女衣著皆以簡單為首選，女性在職場僅抹淡粧，很少濃妝豔抹的，而回到家鄉後，馬上換回一般常服，口紅、胭脂都會擦掉，以素顏面對長輩，才能顯示出她們的端莊。在美濃會濃妝豔抹的，只有風化場所的女子，因此，女性都會避免給人這種印象。

隨著穿藍衫的老太太凋零，美濃街頭再也看不見穿藍衫的婦女。近年來，因反水庫運動凝聚社區意識，藍衫又重新被人重視，美濃婦女上街遊行，即穿藍衫顯示客家身分，那是一種族群意識的凝聚。於是開始有人改良藍衫的製作，讓傳統服飾能以新面貌出現，讓年輕一代能接受：

〔註137〕 《鍾鐵民全集6》，頁311～312。
〔註138〕 《鍾鐵民全集6》，頁314～315。

> 以長藍衫來說，在過去好長一段時間裏，它是客家生活的一項特色，
> 美濃婦女今天不可能再穿這種服裝，但是愛護過去的歷史，如果在
> 某些慶典中，婦女人人一件長藍衫，並不把它視作敝屣，就是珍惜
> 傳統的最高表現了。當然，在現代服裝製作上，將它改良以適應新
> 的環境，那更是發展傳統文明的積極作法。〔註139〕

重新找回藍衫的價值，成為客家的精神象徵，以藍衫的元素，來製作適合今
日的穿著，讓客家文化能延續下去。表面上看起來傳統是靜態的，但謹慎檢
視後，通常會發現傳統的形式其實不斷演變。現在被認為是「傳統的」東西，
很可能是受到當代趨勢的啟發。傳統可以顯得穩定不變，從而提供強大的懷
舊慾望。〔註140〕在大家盲目追尋新事物後，回過頭來才發現傳統之美，過去
被遺忘的藍衫，再度找回舞臺，在各種重要場合，都可看見穿著藍衫的現代
女性，將古典與現代結合，賦予傳統新生命。

除了藍衫外，美濃婦女在工作時，還有另一種打扮，可以讓她們工作起
來更靈活，下面本文將探討婦女工作時的裝扮。

二、工作裝扮

美濃婦女工作裝扮，最大的特色是在竹笠上會包一條藍洋巾，這種特殊
包法，鍾理和在下庄從沒看過，是美濃獨有的裝扮，讓他感到很新奇：

> 戴在頭上的竹笠，有一頂是安著朱紅色小帶的，卻同樣拖了一條藍
> 色尾巴——那是近幾年來流行在這附近客家女人間，以特殊的手法
> 包在竹笠上的藍洋巾。〔註141〕

藍洋巾是一種藍色的大方巾，可用來包裹在竹笠外，亦可用來包裹物品，是相
當實用的配件。美濃婦女在工作時，常把藍洋巾包裹在竹笠外，以阻擋陽光曝
曬，成為當地的潮流，久而久之，就成為美濃的特色，在所有工作場合中，都
可以看見包著藍洋巾的婦女。在笠山農場工作的女工，都是這種裝扮：

> 女工們一字兒排著，鐮子此起彼落，叭嚓叭嚓——菅草成把的向一
> 邊倒下來。她們的衣著，可用兩色分開：清藍和赤銅色；笠上一律
> 包著藍洋巾；手足都用手套，和有一排爪子形的黃銅鈕釦的黑裏腿，

〔註139〕《鍾鐵民全集7‧發展客家新文化》，頁32。
〔註140〕《文化地理學》，頁180。
〔註141〕新版《鍾理和全集4‧笠山農場》，頁10。

及「踏躂」武裝起來。〔註142〕

衣著分清藍和赤銅色，但斗笠上一律包著藍洋巾，此外，為了保護手腳避免割傷，都要戴手套，下半身也要綁緊，並穿日式膠鞋保護雙腳，將全身裹得緊緊的，臉也用藍洋巾包起來，令人無法分辨她們的身分，這是美濃婦女工作時的裝扮，唯有休息時，才會將這些配件解下，露出原有的衣著：

> 在茄苳樹陰下，各人揀了寬潔的石塊或草地坐好，然後手袋，日本裹
> 腿褪落，又脫下膠底鞋。她們攏了攏扁歪的髮髻，拂去身上的塵屑和
> 草子，把安了美麗的闌干的袖口扯平。這就解除了工作時裝束的畫一
> 和單調，而顯出了一個一個不同的豐姿，情趣和個性的美來。〔註143〕

解除工作裝備後，她們整理頭髮、衣服，露出藍衫美麗的闌干，原有的女性之美才展露出來。工作裝束的畫一與單調，可以讓她們專心於工作，將自己包得緊緊，免得不小心弄傷，且動作可以更俐落。

鍾理和對於藍洋巾同樣有著好感，認為那可以增添女性之美，在〈做田〉中，同樣可看到藍洋巾在飄揚：

> 年輕女人做田塍，或砍除田塍及圳溝兩旁的雜草。她們穿著豔麗的
> 花布短衫，腰間用條花帶結紮著，那包在竹笠上的藍洋巾的尾帆，
> 隨風飄揚著。她們一邊做著活，一邊用山歌和歡笑來裝點年輕活潑
> 的生命。〔註144〕

〈做田〉寫於一九五四年，文中的年輕女性已不穿藍衫，而是穿著「豔麗的花布短衫，腰間用條花帶結紮著」，捨棄傳統服裝，改穿新式短衫，然而不變的是頭上的藍洋巾，當藍洋巾的尾帆在竹笠上飄揚時，有種女性的柔美感，更能突顯出年輕女性的活潑生命。竹笠上包裹藍洋巾的習慣，一直延續到今日，只不過藍洋巾多了許多顏色，不再只是單純的藍色，女性以不同的顏色來裝扮自己，讓工作服不再單調。

此外，劉洪貞〈鄉親真好〉〔註145〕中，描述了美濃農婦的裝扮，時代不同，過去穿日式膠鞋，現在改穿雨鞋；相同的是頭上依然戴著斗笠，手上仍有袖套，這為了工作方便。

〔註142〕新版《鍾理和全集4・笠山農場》，頁46～47。
〔註143〕新版《鍾理和全集4・笠山農場》，頁142。
〔註144〕新版《鍾理和全集5》，頁74。
〔註145〕劉洪貞：《未上好的袖子》，頁50。

以藍洋巾包裹竹笠的工作裝扮，成為美濃婦女服裝上的一種特色。

最後，美濃還有一樣獨特配件紙傘，它在美濃人的集體記憶中，佔有重要地位。

三、美濃紙傘

美濃油紙傘的引進約在日據時代大正年間，由林阿貴、吳振興延請大陸師父前來傳授技藝，為當時物資貧困的美濃社會，帶來典雅實用的油紙傘。〔註146〕在客家人的傳統觀念中，油紙傘即為吉祥物。「傘」的字型有四個「人」，代表多子多孫，且客語「紙」與「子」同音，故送油紙傘給兒子，表示兒子已成年，送給女兒做嫁妝，則有早生貴子之意。在一般的慶典與生活中，油紙傘都扮演重要角色。〔註147〕不過相關的文學作品並不多，鍾理和也沒有特別描述，在他那個年代，紙傘是平常的配件，沒有特殊之處，因此在他的作品中，只看得見寫撐把雨傘，不會特別寫是油紙傘。

油紙傘會被人重視，也是美濃開始出名後，遊客到美濃看到這古色古香的紙傘，總會忍不住買一把，於是，紙傘成為美濃的名產。鍾鐵民在〈月光下的小鎮〉即寫到這點：

> 使美濃這麼出名，引人注意，美濃的油紙傘有很大的貢獻。到美濃
> 來的遊客，總不忘挑選一把帶回去。〔註148〕

美濃會出名，是因為油紙傘的緣故，它與美濃相輔相成，與粄條成為美濃的兩大特產。從油紙傘的引進到一九六〇年左右，這四十年間，是紙傘業最興盛的時期，全美濃共有十二家紙傘廠，每年生產約二萬把以上，然而一九六一年以後，由於臺灣急速發展工業，由化學材料製作的陽傘，其輕便、便宜、耐用又易於攜帶的特性普遍地取代了油紙傘，使得油紙傘的價值與銷售漸形蕭條，紙傘世界遂逐漸沒落。〔註149〕

鍾鐵民在〈月光山下·美濃〉一文中，感嘆紙傘的沒落：「這種油紙傘原本是日常生活用品之一，十幾年前價廉又輕便的洋傘興起，使美濃幾家紙傘工廠都關了門，……。」〔註150〕因洋傘輕便、耐用，取代紙傘成為雨天用品，

〔註146〕《美濃鎮誌》，頁586。
〔註147〕劉還月：《台灣的客家人》，頁132。
〔註148〕《鍾鐵民全集3》，頁240。
〔註149〕《美濃鎮誌》，頁586。
〔註150〕《鍾鐵民全集6》，頁330。

美濃的紙傘業受此影響很大，幾乎都快關門，只有幾家仍堅持著，並遵守古法製作，並非以廉價傘賣給遊客。〈仿製文化〉中，認為紙傘已失去實用性，必須轉型，才能傳承下去：

> 美濃的油紙傘原來是居民生活的日用品，純粹手工製造。自從工廠
> 機器大量生產製造的洋布傘出現之後，它的輕便耐用和便宜，已完
> 全取代了油紙傘。但是民眾並不因為它失去了實用性而捨棄它，反
> 而將油紙傘視作精美的傳統手工藝品而喜愛不已。油紙傘的製作過
> 程繁複，原料特殊，竹子、傘紙、棉線都要挑選，塗料中的天然桐
> 油和柿子水更要依古法調配。老師父的手藝一天也只能製作一到兩
> 把，加上客家人講求實際的性格，所以美濃的油紙傘特別精緻堅固，
> 具有特色，也因此被觀光客喜愛著。人們喜愛它造型所顯現的圓融，
> 特別是它在太陽底下會散發出一陣陣桐油的香氣。〔註151〕

七○年代以後，臺灣經濟逐漸富裕起來，在旅遊觀光業的刺激與手工藝品的生產下，使得油紙傘逐漸脫離原本實用的價值，而走向與觀光結合的商品文化，成為遊客喜於收藏的精美藝品，帶動了美濃油紙傘的另一個春天。〔註152〕從實用性轉為藝術品，亦提升它的價值，尤其純手工製作的紙傘，更是受到大家的喜愛，鍾鐵民在這篇文章中，提醒美濃人，別以廉價的中國半成品加工為美濃紙傘，這種廉價品品質差，容易損壞，若以這種產品賣人，會破壞好不容易建立的商譽。

　　劉洪貞〈紙傘美友情濃〉中，紙傘成為記憶美濃的鑰匙，看到紙傘，所有過去的記憶，全都一湧而出，作者與好友在紙傘下度過的歲月，紙傘代表了兩人的友情，送紙傘給好友，希望這把傘在外國能讓她減少鄉愁，即使現在的紙傘已變成藝術品，不過對她們來說都一樣，「因為它們都來自家鄉美濃，都是我的鄉親做的，而我們也是來自美濃……。」〔註153〕紙傘已成為美濃的代表物，看到它就如同看到美濃，能讓遊子抒解懷鄉之情。

　　吳錦發〈永遠的傘姿〉，紙傘成了祖母的代表，因為「她撐著一把破紙傘，站立在黃昏的禾埕邊，睜大著茫白的眼珠，向著南大武山方面的田野發楞底身姿，卻是清晰而難以磨滅的。」〔註154〕祖母留在作者記憶中，此一身影最

〔註151〕《鍾鐵民全集5》，頁13～14。
〔註152〕《美濃鎮誌》，頁586～587。
〔註153〕劉洪貞：《紙傘美友情濃》，頁143。
〔註154〕吳錦發：《永遠的傘姿》，頁31。

難忘懷，那是一種蒼涼、淒美的傘姿，因此，只要看到紙傘，就會勾引出他內心淡淡的哀傷。

第四節　爲求離農的教育觀念

　　一九〇一年法國天主教神父賴查理斯在《客法辭典》中，有一段敘述原鄉嘉應州重視教育的情形：「在嘉應州這個還不到三、四十萬人的地方，我們隨處可看到學校的創設，一個不到三萬人的城市中便有十間中學和數十間小學，就學的人數幾乎超過全城人口的一半。在鄉下每個村落儘管那裏只有三五百人至多亦不超過三五千人，便有一個以上的學校。因爲客家人每一個村落裏有祠堂，就是他們學校的所在地，全境有七八百村落就有七八百個祠堂，也就是七八百間學校，按此比例來計算，不但中國沒有一個地方可以趕上，就是與歐美各國相較之下亦不多讓。」學校之密集，讓他驚歎不已，更佩服客家人對教育的重視。

　　客家人這項重視教育的傳統，由原鄉延續至臺灣，美濃更是一脈相傳至今，使美濃在清代出了一位進士、五位舉人，光復後更是博碩士頻出，〔註155〕素有博士之鄉的雅稱。然而，美濃人重視教育，其實是爲了能離農，世代務農的人家，莫不希望子弟能多讀點書，考上好學校，將來到都市工作，別再留在家鄉當耕田者。針對此種教育觀念，筆者分爲晴耕雨讀風氣、升學考試壓力與讀書至上觀念三部分進行討論。

一、晴耕雨讀風氣

　　客家人有傳統士大夫思想，在光宗耀祖的強烈觀念下，養成了勤勞讀書的風氣，〔註156〕鍾鐵民〈月光下的小鎮〉即寫出此種觀念：

> 從來美濃人就重視教育。年長的人日出而作，日入而息，雖然他們
> 滿足安定寧靜的生活，可是他們更希望自己的子弟有更高的成就，
> 更能出人頭地。〔註157〕

在農業社會時代，從事農業工作的長輩，希望自己的子弟能有更高成就，最好、且唯一的辦法，就是讀書。靠讀書求得高學歷，在都市謀得好工作，改

〔註155〕《美濃鎮誌》，頁400。
〔註156〕李幸祥：《六堆客家故事・教育是客家人最大的投資》，頁56。
〔註157〕《鍾鐵民全集3》，頁232。

善家裡經濟環境，改變務農身份，如此家族才能風光。於是在客家住宅正門上，「晴耕雨讀」成為最常掛的匾額，以激勵子弟奉行此種精神。

〈鄉愁〉裡的主角老阿昆，回憶日據時期上學的情形：

> 那時他要到六公里外的小鎮去唸日本人辦的公學校，父親知道知識的重要，非常希望他能上進，但是他對每天要走那麼長的路，受學校裏種種不合情理的壓迫深感畏懼，所以公學校畢業後他不想再升學了，他的父親也不勉強他，事實上家庭經濟也無法供他到高雄或台南去受高等教育。〔註158〕

美濃第一座小學——瀰濃公學校在一九〇〇年設立，一九二〇年改為「美濃公學校」。到了一九二二年，學生人數比屏東、東港、旗山、高雄第一等公學校還多，是當時高雄州的第一大校。主角老阿昆幼年時，因家住偏遠山區，又無設立分校，於是上學必須走六公里到小鎮去，對他來說是很大的負擔。他的父親知道讀書上進的重要，希望他能繼續升學，然而在公學校時受到日本人的壓迫，讓他畢業後，不想再繼續升學，迫於經濟壓力，他父親也不勉強，若老阿昆當時有意願繼續唸書，他父親會想辦法讓他升學的。因為美濃的父母即使再窮，也都要供應子弟讀書。

學費是家庭的負擔，因此家長更希望孩子能考取公立學校，如〈谷地〉一文就表現出父母的期待：

> 「你們今天福氣多好！要讀書有書讀，阿爸雖然窮，從來可曾缺你們什麼？你們有這樣的日子還不曉得努力。」樹旺哥說：「像阿貴，再幾個月就要考學校了，幾時看你拿過書本了？你要是考了個私立學校，阿爸哪來那麼多錢給你註冊？我又不會偷又不會印，要賣老命都沒有人要我這把老骨頭。」〔註159〕

樹旺哥看到孩子讀書散漫的態度，不禁發牢騷，指責孩子不懂得珍惜讀書的機會，他雖然窮，但只要子弟要讀書，都會想辦法籌到學費，不曾讓他們休學或沒書可念。這樣做牛做馬，無非希望孩子能考到好學校，最好是公立的，才能為家族爭光，也才能減輕他的負擔。

美濃人會願意支持子弟升學，以求取更高知識為目的的，微乎其微，絕大多數是現實面的考量：

〔註158〕《鍾鐵民全集3》，頁102。
〔註159〕《鍾鐵民全集4》，頁221。

從清代客籍人士開墾美濃起就以農耕為主的生活形態，缺少龐大資金可以在外面創造企業，所以美濃弟子在外面工商政界都沒有強有力的親人可牽引提拔，沒有足夠的資本可以在外面與人競爭。唯一公平站在同一起跑線上競爭沒有特權的只有升學求取高學歷，也只有這條路可以衝破重重困阻進入各界，靠自己的努力站起來。
〔註160〕

要有更高的社會地位，要有好的薪資收入，低學歷是無法達成的，在外面沒有資金創業，沒有人脈可當靠山，唯一且公平的途徑，就是升學，求得高學歷，將來在社會上才能立足。務農一輩子的父母，看破農業無前途，不想讓孩子再走農業這條辛苦路。只要能考上大學，他們的身分地位馬上不一樣，左鄰右舍會投以羨慕的眼光，全美濃的人都會知道這件事，對於家族而言，是無上的光榮。為了達到這個目的，做父母的不惜賣田賣地，也要鼓勵子弟出外唸書：

> 美濃的家長特別重視教育，有時為了籌措子女學費，變賣田產亦在所不惜，可能是移民精神根深柢固，他們都希望子女在外面能找到立足點，很少有家長希望子女留在家鄉繼承祖業的。在這塊狹窄的土地上，有兩所私立高級職業學校，與旗山合享一所省立高中，國民中學有三所，國民小學有九所，而仍然有無數學子出外求學。美濃人的收入之中，子女教育費用的開支是最大的。〔註161〕

賣田賣地籌措學費，他們希望子女能在外面找到立足點，很少有人希望子女留在鄉下的，升學是改善經濟唯一的途徑。美濃的學校很多，還有與旗山共享的高中，除了國民義務教育外，高中以上，大家仍想往都市學校擠，因為那裡資源多，將來要考大學較容易，這些教育費用，成為美濃人最大的開銷。

雖然美濃人重視教育，但美濃國中的設立，卻是經過一番波折，尤其是興建校舍的費用，募款許久才有一半，鍾理和對這個情形感到不可思議：

> 「人們都像瘋了，分別不出好歹來。鎮裡要做中學，預定募出七十萬元來做建築費，鬧了幾個月，好容易才捐得半數。那邊，蛇山尾——」

〔註160〕《鍾鐵民全集6‧美得濃莊》，頁334。
〔註161〕《鍾鐵民全集6‧月光山下‧美濃》，頁325～326。

> 「那蛇山尾，」哥哥繼續說下去：「去年底要蓋一所觀音壇，捐的款，
> 竟超過了預算的建築費，結果把規模擴大了。好像人們都不相信自
> 己了，祇有神靠得住。這沒有什麼，神能夠保佑五穀豐登，利益就
> 在眼前；子弟唸書麼？利益在哪裡？眼睛看不見，手摸不著；人們
> 是不肯花冤枉錢的。……」〔註162〕

美濃第一所初中，設立於民國三十五年，當時恰好遇到旱災，庄民陷入恐慌
不安狀態，於是迷信四起，大家都相信神，而不相信教育，鍾理和在〈山火〉
中，描寫鎮裡要蓋中學，七十萬元的建築費用，吵了幾個月，才捐得一半；
而要建一所觀音壇，募得的經費竟超過預算。兩相比較下，子弟的教育完全
被漠視，大家短視近利，教育是長遠的工作，不是馬上看到成效的，就不願
多花錢。

　　好不容易有了初中，卻沒有再進一步的學校成立，鍾理和在日記中，表
達他的不滿：

> 美濃，人多、機器腳踏車多、電影觀眾多、寺廟多、新建築多，而
> 且精美、瀟灑、豪華。是不是地方富庶呢？也許是。然而有一點，
> 學校是貧寒的，而且教室不夠，一間初中，還是初中，建設高中叫
> 囂了幾年，至今還沒有下文。〔註163〕

美濃看似繁榮，人多、腳踏車多、電影觀眾多……各方面都很發達，地方經
濟已脫離貧苦，但這些繁榮並不能持久，教育才是最需要建設的，然而實際
上卻是，學校教室不夠用，又寒酸，從三十五年設立至今，仍只有一所初中，
高中呢？吵了幾年，至今仍沒有下文。無怪乎子弟要升學，都要到都市去，
家鄉根本沒有學校可以就讀，此種教育文化凝滯不前的現象，鍾理和認為美
濃人該感到羞愧。

　　美濃人期望子弟考上好學校，為自己與家族爭光，這些子弟背負如此大
的壓力，常常感到無助，鍾鐵民回家鄉從事教育工作後，發現了這個現象，
於是他用文章將此問題反映出來。

二、升學考試壓力

　　長期以來，臺灣的教育一直以考試為取向，在義務教育尚未實施前，小

〔註162〕新版《鍾理和全集1・山火》，頁130。
〔註163〕新版《鍾理和全集6》1957年5月10日日記，頁234。

學生即生活在投考初中的壓力下；國中設立後，高中大學聯考又成為學子求
學的目標，為考試而讀書，為升學而教育，扭曲了教育正真的精神。〔註164〕
美濃的學子就在家長的期待與考試風氣下，背負著極沈重的包袱，苦苦追求
無法得到的目標，甚至颱風天冒險翻過崩塌地，只是為了一個目的——考試：

> 我們出去時絕對沒有考慮到這許多情形，我們所感到的就是不能放
> 棄這個機會，這是一線生機，抓住它，就如同抓住生命一樣重要，
> 值得不顧一切去冒險，而且非冒這個險不可！這不只是如校長所說
> 的熱心求學和進取的精神而已，它就是求生，謀求生存，它的意義
> 比校長所說的要重要得多了。尤其對我和李德順，它非常現實，而
> 且不是外人所能體會得到的。〔註165〕

主角家境不好，兄弟姊妹又多，他的父親難以支持，即使知道很難考取，但
只要有一絲希望，就得去試試。為了能改善家裡經濟，考試是唯一的辦法，
因此即使颱風交通中斷，翻山越嶺都要去參加考試，這種執著，超越了熱心
求學和進取的精神，它是求生存、活下來的現實意義。

應屆畢業若沒考上，家長都會希望進補習班，再衝刺一年，〈祈福〉透露
出父母希望子女能考上大學的心情：

> 他放棄辦理緩征，不肯進補習班，對他的父親是一個很大的打擊。
> 他們家並不富有，他的父親也只是一個篤實的農人，但對身為長子
> 的他，期望是很高的，父親一再表示願意盡一切力量來供給他讀大
> 學。他剛回來的那個晚上，父親就已顯現出他的迫切了。〔註166〕

主角沒順父親的意，辦理兵役緩徵，又不肯進補習班，這些反抗的行為，傷
了老人的心，他們家不算有錢，父親是農人，期待子女能考上大學，他願意
盡一切力量。主角退伍後有其他打算，然而父親仍舊希望他能考大學，原因
很簡單，因為能改善經濟：

> 父親的想法很實際，在他，讓兒子讀大學是一種合理的投資，既可
> 獲取名望，又可以讓子女有更高級的工作，更重要的是可以直接改
> 善家庭的經濟。〔註167〕

〔註164〕《美濃鎮誌》，頁423。
〔註165〕《鍾鐵民全集1・山路（之一）》，頁259。
〔註166〕《鍾鐵民全集2》，頁443。
〔註167〕《鍾鐵民全集2》，頁444。

投資小孩讀書是很合算的，此為美濃鄉親共同的想法，孩子考上大學，自己與家族可獲得光耀，更重要的是孩子將來有高級工作，收入自然高，直接可以改善家庭經濟，光靠農業根本不夠生活，唯有孩子找到好的工作，才能真正得到改善。這是一張長期飯票，只要兒子大學畢業找到工作，一切投資都值得了。

　　然而，並不是每個出去讀書的，都能找到好工作，當你辜負期待時，反而不敢回家了，〈霧幕〉的主角就是如此：

　　　　退伍後我沒有回來過，我怕面對他們，我沒有那種勇氣。辛辛苦苦
　　　　讓我讀書，結果卻是如此，我可以很真切地體會到他們的心情。有
　　　　什麼比寄望落空更令人傷心呢？〔註168〕

父母辛辛苦苦讓主角讀書，無非希望他畢業後能找到好工作，然而，他卻只在加工區找到薪水微薄的工作，與他們的期待落差太大，導致他退伍後不敢回家，害怕面對父母失望的表情。因此，父母期望越大，對子女而言卻是壓力越大，一旦無法符合期待，子女就會逃避，不敢面對父母。因此，並不是每個念大學的子女，畢業後就能有好工作，只是做父母的總是抱有一絲寄望，不肯放棄。

　　至於升學主義，則是讓學子淪為考試機器，不僅窄化人格，並扭曲了學習的意義，普遍有著為升學而讀書，及學習意願低落的現象。鍾鐵民〈河鯉〉反映了學生的反抗心理：

　　　　「我要學習，但我要真正學習，學習些有用的東西，廣博的知識、
　　　　生活的技藝、甚至藝術和道德都好。但是你看看我們每天到底在做
　　　　什麼呢？我們天天在背聯考試題，除開針對聯考試題的事情外，一
　　　　切都不必要。」于春程眼睛發亮的說：「尤其是古老師，他的辦法更
　　　　徹底。看報紙是浪費時間，偶而看看課外雜誌書刊什麼的，簡直就
　　　　成罪惡了。我實在受不住這種精神壓力。」〔註169〕

老師強逼學生唸書，希望他們能考上大學，每天都在背課本內容，希望他們除了聯考試題外，其他的都不用管。而這些試題內容與生活到底有何關連，主角一直無法理解，他想閱讀課本以外的書籍，變成一種罪惡。他覺得不想繼續過這種生活，他們根本考不上大學，又何必在此浪費時間呢，不如退學

〔註168〕《鍾鐵民全集2》，頁369。
〔註169〕《鍾鐵民全集2》，頁478。

回家種田，或去工廠做工，這些都比在學校背試題實際。作者藉由學生對升學主義的反動，反思臺灣現行的教育政策，已將學生變成考試機器了。另一篇〈余忠雄的春天〉則針對升學主義提出質疑：

> 除開考上大學以外，難道就沒有其他的路可行了嗎？學爸爸耕田種地，學學叔叔修理機車，或者去考警察，去受技藝訓練，去做生意，甚至到工廠去做工都可以，人家不是也生活得很自在嗎？為什麼自己便不可以這樣做呢？做一個平平凡凡的人有什麼不好？余忠雄常常忍不住這樣想，在下決心離開靜梅前更是反反覆覆的檢討。
> 〔註170〕

主角余忠雄提出四個疑問，每個問題都直接刺中升學主義的要害，除了考大學，是否還有其他路可走，種田、修理機車、考警察、技藝訓練、做生意、到工廠做工，這些不都是可行之路嗎？為何要去擠那窄窄的大學之門呢？是否除了讀書身分高尚外，其他職業都是低下的，他想做個平凡人，想談一場戀愛，這麼渺小的願望，竟無法達成。這就是升學考試主義下，學生的悲哀。

三、現實至上觀念

客家人一向重視讀書風氣，認為會讀書考試的孩子才有出息，能得到鄉里的稱讚，因此父母都會偏愛成績好的孩子，而對成績不好的孩子冷嘲熱諷，如鍾鐵民〈憨阿清〉就是如此：

> 不怪阿爸偏心，阿松讀書讀得很好呀！鄰里誰不豎起手指公稱他一聲好兒子呢？又聰明又伶俐！自然得由他升學讀書，這是天公地當的事，沒話說。中學、師範，出來可就當老師賺錢嘍！像以前我們班上那個閻羅王，赫！威風八面。我曾發誓將來如當老師，一定要找他的子女出氣，一洗我所受的恥辱怨恨。多可惜，唸師範的不是我，我這怨恨只有來生再說了。該死的閻羅王，威風啊！兄弟有出息，家庭有風聲，父母弟兄也有面子哪，大家吃點苦，值得。〔註171〕

作者整篇以反諷的方式書寫，主角哥哥阿松會讀書，考上師範，成為鄰里羨慕的對象，讓父親非常得意，而他卻成績很差，兄弟兩一對照，馬上分出優

〔註170〕《鍾鐵民全集2‧余忠雄的春天》，頁505。
〔註171〕《鍾鐵民全集1》，頁35。

劣，於是全家族的眼光只放在阿松身上，阿松要買什麼有什麼，爲了讓阿松去讀書，家裡縮衣節食，而主角阿清卻遭到冷言冷語的對待，罵他沒有用，「十足的敗家像」〔註172〕，然而他一點都不氣餒，認爲自己眞的很差，還很佩服哥哥，「兄弟有出息，家庭有風聲，父母弟兄也有面子哪」，那時的哥哥非常威風，對他也很不客氣。然而，會讀書又如何，阿松畢業後竟染上不良習慣，喝酒賭博玩女人，常常偷家裡的錢去享樂，原本期望阿松當老師能改善家庭經濟，沒想到他竟如此墮落。反倒是不會讀書的阿清，靠著做苦工鍛鍊了一身肌肉，穩穩當當的賺錢，過去不受重視的阿清成爲父親的希望。作者對於阿松的行爲，藉由阿清的內心描述出來，語氣表面上是敬佩哥哥，實際上作者隱含了諷刺意味。「我不怨阿松」，因爲是自己不會讀書，沒出息，個子小又滿頭白癬，現在竟成了父親口中的可靠的孩子；「我不恨阿松」，即使他拿走了自己省了半個月的點心錢，家裡偉大的人物向他低聲下氣，像條狗一樣，語句中充滿了諷刺。

　　吳錦發〈閣樓〉中，同樣有一個會讀書的人，那是主角的小叔叔：

> 小叔叔一直是我們家族的「模範」人物，甚至鄰居也常常把他掛在嘴邊來教育孩子；功課好，品行端正，人又長得俊，平日總是逢人便叔叔好，嬸嬸好的，禮貌周到極了。我一時沒有辦法把這樣的小叔叔和眼前的東西聯想在一起。〔註173〕

家族的模範生，鄰里間的好孩子，「課好，品行端正，人又長得俊」，是大家欽羨的對象，主角的父母希望他能學學小叔叔，考上大學，爲家庭增光，才讓他搬進小叔叔曾經用過的閣樓讀書。然而，他卻在那裡發現了小叔叔不爲人知的秘密，藏了許多黃色書刊，這個發現令他震驚，沒想到那個模範生竟會有這些行爲。因爲小叔叔會讀書，全家族都期待他能光耀門眉，因此將所有資源集中在他身上，結果與〈憨阿清〉的哥哥一樣，沈淪於女色，最後竟然爲女朋友逃兵，被抓後祖父氣死了。

　　會讀書不代表一切，人品是否端正、是否爲社會所用，都不是靠讀書得來，因此鍾鐵民、吳錦發要諷刺的是這種讀書至上的觀念，似乎只要會讀書，其他事情都不用管，最後會害了孩子。現在的教育，只重視課本知識，忽略了基本的鄉土教育及人文啓發，〔註174〕加上爲了應付考試，根本

〔註172〕《鍾鐵民全集1》，頁36。
〔註173〕吳錦發：《流沙之坑》，頁134。
〔註174〕《美濃鎮誌》，頁423。

無暇閱讀其他刊物，或參與社區活動，使得年輕學子對於家鄉事物完全陌
生，鍾永豐在〈課本〉〔註175〕歌詞創作中，以諷刺的筆法，寫出教育讓學
子脫離生活：

阿公掌牛牯（看毋到）　〔祖父牧牛隻（看不到）〕

阿孃蓄大豬（看毋到）　〔祖母養大豬（看不到）〕

阿姆無日夜（看毋到）　〔阿母無日夜（看不到）〕

阿爸苦吞肚（看毋到）　〔阿爸苦吞肚（看不到）〕

清明早魚塘（看毋到）　〔清明抽乾池塘（看不到）〕

籲陣枒果樹（看毋到）　〔呼陣爬果樹（看不到）〕

圳溝摸螺貝（看毋到）　〔圳溝摸螺貝（看不到）〕

伯公滿年福（看毋到）　〔土地公祭儀（看不到）〕

課本　看毋到　我庄　看毋到　〔課本　看不到　我庄　看不到〕

國王爺上轎（看毋到）　〔三山國王上轎（看不到）〕

十年一大醮（看毋到）　〔十年大建醮（看不到）〕

童乩劈背囊（看毋到）　〔乩童砍背部（看不到）〕

後生搶神轎（看毋到）　〔年輕人搶神轎（看不到）〕

楊德盛鋸弦（看毋到）　〔楊德盛拉胡琴（看不到）〕

山歌鬧連連（看毋到）　〔山歌很熱鬧（看不到）〕

鍾寅生吹笛（看毋到）　〔鍾寅生吹嗩吶（看不到）〕

八音大團圓（看毋到）　〔八音大團圓（看不到）〕

我庄　看毋到　課本　看毋到　〔我庄　看不到　課本看不到〕

拆做好壞班（監汝等讀）　〔拆成好壞班（逼你們讀）〕

感情攄散散（監汝等讀）　〔感情攪散散（逼你們讀）〕

攀擎先生麥（監汝等讀）　〔頑皮老師打（逼你們讀）〕

講客狗牌罰（監汝等讀）　〔講客語罰狗牌（逼你們讀）〕

讀識手指公（監汝等讀）　〔讀懂大姆指（逼你們讀）〕

落第腦生膿（監汝等讀）　〔落第腦生膿（逼你們讀）〕

讀得落介泅過河（監汝等讀）　〔讀得下的泅過河（逼你們讀）〕

考毋過介遭著火（監汝等讀）　〔考不過的火上身（逼你們讀）〕

〔註175〕收錄於《我庄》專輯。

　　課本　逼你們讀　我庄　逼你們讀
　〔課本　逼你們讀　我庄　逼你們讀〕
歌詞前四段以五言四句的形式，列舉美濃生活的點滴，第一段描寫長輩辛苦
生活的經驗，牧牛、養豬，日夜辛苦；第二段描寫早年農村的生活樂趣，清
明要將池塘抽乾、爬樹、摸蜆與伯公祭典；第三段描述宗教儀式，王爺壇大
建醮，乩童作法、年輕人搶神轎，第四段描寫客家傳統音樂，有胡琴、唱山
歌、吹嗩吶，還有客家八音。這些生活經驗與客家文化，在課本裡看不到，
在我庄，也慢慢消失了。課本沒有教導學生關於家鄉的任何事物，為了升學，
強逼孩子讀書。鍾永豐在每一句後面加上合音「看毋到」，有加強效果，每一
個項目課本看不到，無人傳承這些文化，我庄當然也看不到，有種文化消失
的感嘆。

　　後面兩段則批評當前教育，第五段批評分班教育，硬將學生分為好壞班，
破壞學生感情，且實施體罰；政府推行國語政策，禁說客家話，否則處以帶
狗牌羞辱，造成客家話傳承的危機；第六段批評讀書只懂手指，若考不上學
校，會被說成腦生膿，會讀書的可以游過河，快樂逍遙，考不過的，就等著
被體罰，如同被火燒。升學教育下，老師只看得到成績好的學生，對學生貼
標籤，成績不好，就會受到體罰、言語嘲諷，這些是課本逼的，也是我庄逼
的。作者在每句後面加上「監汝等讀」，表示學生都是被逼的，不僅學校逼，
外在環境也在逼，讓學生成為讀書機器。

　　整首歌詞，以「看不到」與「逼你們讀」做分別，關於土地與生活的一
切，學生看不到；而讀書升學考試，全都逼學生讀。此種教育政策實行下來，
年輕人與社會脫節，對家鄉冷漠，只會考試而已。

　　另一首〈讀書〉〔註176〕，則描寫年輕人為了讀書，離家越來越遠：
　　緊讀緊高　緊讀緊高（越讀越高　越讀越高）
　　高過鳥欽放介紙鷂仔（高過鳥欽放的風箏）
　　高過刷狗坑介大鷂婆（高過殺狗坑的大冠鷲）
　　緊讀緊遠　緊讀緊遠（越讀越遠　越讀越遠）
　　遠過牛埔庄介河洛風（遠過牛埔庄的河洛風）
　　遠過龜仔山介大雷公（遠過龜仔山的大雷公）

─────────────
〔註176〕收錄於《我庄》專輯。

> 緊讀緊少　緊讀緊少（越讀越少　越讀越少）
> 少過上竹園介白鶴仔（少過上竹園的白鷺鷥）
> 少過雞婆寮介斑鳩仔（少過雞婆寮的斑鳩）

作者分成三段描寫，各段有一個主題，第一段是「高」，學歷越讀越高，比風箏、猛禽飛得還要高；第二段是「遠」，寫讀書越讀越遠，必須離開家鄉，到都市求學；最後一段是「少」，書是讀很多，但對家鄉的認識卻很少，比白鷺鷥、斑鳩都要少，這兩種鳥類屬群居性，都是一大群聚在一起的。作者以此諷刺死讀書的人，不懂家鄉與土地。這些是美濃一直以來的教育現象，為求升學離開家鄉，只會課本所教的內容，對自己家鄉完全不瞭解，像個過客。

　　然而這麼多高學歷的鄉親，都旅居在外，家鄉的事務都不關心，鍾永豐〈阿欽選鄉長〉〔註177〕中，即批評了這些人：

> 候選人：
> 鄉親父老，佢等又罵，
> （鄉親父老，你們又罵，）
> 麼該阿欽學歷低，無資格做汝等鄉長，
> （什麼阿欽學歷低，沒資格當你們鄉長，）
> 讀毋識書，阿欽毋敢毋承認，
> （讀不懂書，阿欽不敢不承認，）
> 但係我問大家，本庄出恁多博士，恁多碩士，
> （但是我問大家，本庄出這麼多博士，這麼多碩士，）
> 又有麼人甘願留下來，為大家來服務呢？
> （又有誰甘願留下來，為大家來服務呢？）

作者藉由候選人阿欽的話，直接諷刺了本庄的高知識份子，大家批評阿欽學歷低，沒資格當鄉長，但他反問，本庄這麼多博士、碩士，有誰留下來為大家服務呢？他們全都只為了自己，自恃學問高，留在家鄉沒出息，到庄外才能賺更多錢。其實，這反映出美濃家長的一個迷思，認為會讀書的有出息，不會讀書的是沒用的，同樣都是自己的孩子，就會在成績上產生偏心。不過，通常最孝順的，願意留在家鄉照顧他們的，卻是那個因不會讀書而被冷落的

〔註177〕收錄於《我庄》專輯。

孩子；成績好的，早已離家，在外面有事業，不肯回家照顧父母，甚至鄙視父母。此時，做父母的才會覺醒，以學歷區分孩子的優劣，是錯誤的觀念，鍾鐵民、吳錦發都曾對此爲文批評。阿欽的選舉演說，諷刺了大家只看學歷的偏見。

第五節　閩客融合的宗教信仰

　　鍾理和在一九五七年的日記裡，對美濃有這樣的記錄：「美濃，人多、機器腳踏車多、電影觀眾多、寺廟多、新建築多，而且精美、瀟洒、豪華。……」〔註178〕其中他特別寫「寺廟多」，說明美濃的寺廟數量驚人，多到連鍾理和都感到不可思議。美濃居民的信仰較少純粹的佛教、道教，主要是融合儒、釋、道的綜合性宗教。可以發現在同一宮廟或寺庵中，同時奉祀觀音佛祖、關聖帝君、玉皇大帝、至聖先師等神仙聖佛。〔註179〕不只客家神祇，還融合了閩南神祇，呈現多神信仰的宗教特色。

　　雖然廟多、神多，但寫進文學作品裡的神卻很少，主要以具客家與美濃地方特色的神爲主，本文分爲伯公、三山國王、法師公三者爲討論重點，分析祂們在作品中的角色，最後祭祀儀式，說明相關作家如何運用這些祭典，作爲故事背景。

一、伯公

　　首先是美濃數量最多的神祇土地伯公。土地公廟是臺灣非常普遍的廟宇，在美濃稱土地公爲「伯公」，土地公廟爲「伯公下」，庄頭庄尾隨處可見。祂座落於住家附近，早晚到伯公下上香奉茶，成了家中長輩例行大事。家中有婚喪喜慶、子弟赴考、服兵役、求職，都得到伯公壇前祭拜，祈求平安順利。「伯公」爲對祖父兄長之稱謂，客家人把「福德正神」稱爲伯公，把祂當成親屬來尊稱，足見對其尊敬與親暱。〔註180〕

　　美濃居民向以農業爲主，隨著先民拓墾，土地伯公一一建立，故土地公之多，冠於全國，所謂：「庄頭庄尾伯公，田頭田尾伯公，埔頭埔尾伯公，坑

〔註178〕新版《鍾理和全集6》1957年5月10日日記，頁234。
〔註179〕《美濃鎮誌》，頁798。
〔註180〕張二文：〈美濃土地伯公信仰之研究〉，國立臺南師範學院鄉土文化研究所碩士論文，2002年6月，頁1。

頭坑尾伯公」，在鄉間田野到處可看到土地伯公祠。〔註181〕

　　在美濃書寫的作品中，最常描寫的是初抵墾地的開基伯公，又稱開庄伯公，專屬於一個大村莊的守護神。瀰濃庄的開基伯公位於靈山山麓，因先民最早於月光山下開墾；之後陸續開庄的龍肚庄、竹頭角庄、九芎林庄、中壇庄、金瓜寮庄均立有開庄伯公。〔註182〕鍾鐵民〈祈福〉描寫主角當兵回來，母親帶他去伯公壇上香，感謝伯公的保佑，文中祭拜的伯公即為開庄伯公：

> 伯公壇已經很破舊，連供桌的水泥地都裂開了兩條大縫，無孔不入
> 的牛筋草和鐵線草正在這裏那裏蓬勃的生長著，祭品就擺布草葉
> 間。據說這座伯公壇歷史已經很長了，這一帶的田主稱它是開庄伯
> 公，應該是開發本鎮之初，先民為求平安福佑所設立的。從前壇北
> 有一棵要三個大人才能合圍的大芒果神樹，又高又茂密，遮住了周
> 圍一大片田地，也給附近種田的人一個在工作疲累之後最好的休息
> 所。〔註183〕

開基伯公在美濃人信仰中佔有重要地位，伯公壇位於靈山下，興建於乾隆元年，距今已有兩百多年歷史，依舊保持「墳塚式」的原始樣貌，美濃眾多伯公壇都會有棵蒼翠大樹在身後，即為社樹。根據〈美濃土地伯公信仰之研究〉一文所調查，美濃有七座開庄伯公，有四座的社樹為芒果樹，兩座為榕樹，一座為茄苳，靈山下的開基伯公最早的社樹就是芒果樹。開基伯公的設立象徵墾民拓荒土地的熱切意圖，具有重大意義。〔註184〕由〈祈福〉這段文字可知，開基伯公所在地非市中心，周圍都是良田無聚落或散戶，是因先民先到達地先設伯公，再往內拓墾時發現更適合居住的地點，才漸漸聚集成莊。〔註185〕〈祈福〉中的芒果樹，在一次雷雨中被雷劈中而死亡，到了〈月光下的小鎮〉時，開基伯公的社樹則為榕樹：

> 美濃的開莊伯公壇顯得很古老了，不過香火很盛，常常有人祭拜，
> 香爐上插滿了香阡仔，滿地都是紙錢的黑灰。周圍環境整理得很好，
> 榕樹樹蔭很廣，涼風習習令人感到神清氣爽。〔註186〕

〔註181〕《美濃鎮誌》，816～817。
〔註182〕張二文：〈美濃土地伯公信仰之研究〉，頁62～63。
〔註183〕《鍾鐵民全集2》，頁446。
〔註184〕張二文：〈美濃土地伯公信仰之研究〉，頁64。
〔註185〕張二文：〈美濃土地伯公信仰之研究〉，頁64。
〔註186〕《鍾鐵民全集3》，頁213。

〈祈福〉寫於一九七八年，〈月光下的小鎮〉寫於一九八二年，原本枯死的芒果樹，已換成榕樹，經過多年的歲月，榕樹樹身粗壯，枝葉茂密，榕樹與芒果皆為農村常見樹種，因其壽命長，樹身大，常被當作社樹祭拜。開基伯公雖然簡陋樸素，卻是美濃人最重要的信仰中心。

　　林生祥〈美濃山下〉歌詞中，亦提到開基伯公：

> 義民帶領來開庄　　土地伯公來保佑
>
> 祖公辛苦來做田　　出汗流血無相關

美濃山下是美濃最早的開墾地，祖先由武洛到此後，先在此地建立開基伯公，他們辛苦墾荒，為了讓後代子孫能有一塊新天地，再辛苦都無所謂。藉由開基伯公的建立，象徵祖先拓荒美濃的熱切意圖，並且讓開墾過程順利，具有安定心理的功能。〔註187〕而鍾永豐在〈下淡水河寫著我等介族譜〉則直接引用〈瀰濃庄開基碑文〉末段為歌詞，訴說美濃開庄的歷史。

　　因土地伯公與生活關係密切，故常成為文學地景，如鍾鐵民〈伯公壇〉一文，描述伯公是農民日常生活的好去處，展現出伯公的親切感：

> 伯公壇是最古老簡單的型式：一方石碑、一張低小水泥供桌，一個
> 香爐位，如此而已。以前美濃地方所有的伯公壇大概都是這種型式，
> 河岸邊、山腳下、田野間，無處不有，是農友們歇涼、午睡、年輕
> 男女談天，兒童嬉戲的最好場所。〔註188〕

美濃供奉的土地伯公型式，以一塊石板或木牌當作香位，上書：「福德正神香位」，香位前為一小小石桌，供信徒擺放牲禮、金香，為最典型的伯公壇。〔註189〕土地伯公簡單的型式，讓居民能輕鬆在那邊聊天、遊戲，各個年齡層都喜歡待在伯公壇。另一篇〈月光下的小鎮〉亦有類似敘述：

> 美濃的土地公壇形式很簡單，居中是一方石碑神位，香爐前一張矮
> 小供桌，兩旁是矮圍欄。供桌前有一小塊供拜祭的平地，庭院裡有
> 兩棵巨大無比的遮涼的榕樹。伯公壇也就因此成了農人納涼休息，
> 小孩子遊戲的地方。〔註190〕

此段將傳統伯公壇的型制與功能詳細說明，劉洪貞〈伯公樹下〉更詳細說明伯公壇的建築特色：

〔註187〕張二文：〈美濃土地伯公信仰之研究〉，頁 64。
〔註188〕《鍾鐵民全集6》，頁 304。
〔註189〕《美濃鎮誌》，頁 817。
〔註190〕《鍾鐵民全集3》，頁 212。

> 大部分建在村子附近的伯公壇，面積都較寬廣。正中央是刻著「福
> 德正神位」的大石碑，石碑前有香爐，爐前還有供桌，供桌的四周
> 都是水泥鋪成得很寬大的地方，石碑的後方是弧形的水泥座，它圍
> 繞著石碑，正後方突起然後兩邊順勢而下，直到和前面的水泥地相
> 接。這兩處地方，每天都被善心人打掃的滴塵不染，平時供孩子們
> 玩耍，秋收時節則是曬菜乾、蘿蔔乾的好地方。〔註191〕

作者所描述的爲傳統墓塚式伯公壇，與墓地最大的差別在於伯公碑寫有「福
德正神香座位」，碑額掛有紅色布條；而墓地均爲世代姓氏顯考妣及後代子孫
名字，碑額則放一疊金紙。其他如外型、化胎〔註192〕、雙獅擺設等，均與墓
地有所差異。此外，伯公壇大多興建於山坳入口、夥房通道等地，與墓地多
建於聚落後方，人跡稀少之地不同。〔註193〕文中寫到石碑後的化胎以水泥覆
蓋，其功能可當作兒童遊戲場，亦可作爲農家曬醃漬物的好場所，怎樣利用，
伯公都不會生氣，因爲祂是土地的守護神。

　　伯公壇與墓地還有一個不同處，即伯公壇有社樹，而墓地無，劉洪貞即
以社樹爲題，寫出庄民對土地公的感情：

> 伯公壇的外圍都種易長耐旱，生命力強，枝多葉密的榕樹「鄉稱伯
> 公樹」。樹底下也都鋪上水泥，這樣平整好看，可供人休憩，雨天也
> 不泥濘。伯公不歸誰管，是眾神大家可以膜拜，能獻上一支香最好，
> 而雙手合十膜拜也無妨，伯公都笑嘻嘻的，心誠則靈。〔註194〕

其實，只要說伯公樹下就可以代表土地公壇，大多爲榕樹，因其枝葉夠茂密，
故能提供鄉人乘涼、休息之用；只要經過伯公壇，無香用手合十祭拜亦可，
伯公不會計較的，祂就像長輩一般關照著居民。

　　然而在經濟環境變動下，傳統伯公壇卻逐漸消失，取而代之的是像小廟
建築的土地公祠。伯公的翻新在六○年代如火如荼的進行，壇所年久失修，祭
拜不便都是原因，在經濟許可下最常聽到的原因：「伯公吹風又淋雨，上香奉
茶都不方便！」〔註195〕居民將伯公看成家人一般，不忍其受風吹雨打之苦，

〔註191〕劉洪貞：《未上好的袖子》，頁208。
〔註192〕化胎爲祭壇後方圓形隆起的土堆，原意爲孕育萬物之一切事務以及承受天地
　　　　之氣之地，風水上有象徵安穩之意。
〔註193〕張二文：〈美濃土地伯公信仰之研究〉，頁88～90。
〔註194〕劉洪貞：《未上好的袖子》，頁208。
〔註195〕張二文：〈美濃土地伯公信仰之研究〉，頁172。

故當外面的伯公紛紛改建成小廟，只要有能力，也跟上改建風潮。對於這種
現象，鍾鐵民不以為然，他在〈伯公壇〉中提出批評：

> 近年來大概是地方經濟繁榮的原因，美濃各地伯公壇紛紛重建，原
> 來古樸的風趣被破壞了，代之而起的是千篇一律的小廟宇型式，比
> 「有應公」廟稍大，比之其他神廟則又小得可憐，塗抹得大紅大綠，
> 像鄉下暴發戶，神像則出自三流塑像師的拙劣的產品，每壇一座，
> 模樣完全相同。〔註196〕

〈伯公壇〉寫於一九七六年，美濃三百七十九座土地伯公中，以一九七五至
一九七七年間改建的有五十六座最多，佔全數的 14.78%，〔註197〕在這之前都
是零星的改建，而這三年美濃菸葉種植面積創歷年之最高峰，農村經濟開始
富裕，只要有人發起伯公壇改建，居民無不熱情襄助。〔註198〕傳統的古樸不
見了，原各具有特色的伯公壇，成了統一形式的小廟，文化地景從此改變，
作者覺得非常可惜。

　　然而，不管伯公壇是否改建，並不影響庄民對伯公的虔誠，早晚到伯公
前上香，更是許多婦女的例行活動，他們將伯公看成自家人，家中發生的所
有事件，都可以跟伯公報告。年輕人也喜歡在伯公壇遊戲、聊天，甚至談情，
鍾鐵民〈蘿蔔嫂〉一文中，主角晚飯後的去處，就是伯公壇，「他照例與幾個
同齡的夥伴們在伯公壇前乘涼閒聊。」〔註199〕可見不分年齡層，那裡是最佳
休閒場所。

　　不過隨著時代進步，鄉民愛到伯公樹下聊天的場景，跟著改變：

> 自從電視機發揮了它，無遠弗屆的功能，把娛樂送入了農村，而農
> 村經濟繁榮了，父母們有更多的能力，為孩子們提供更多樣化的休
> 閒方式之後，伯公樹下活潑快樂的村童，已日漸消失，天真無邪的
> 童言和笑語，也不知道從什麼時候，不在伯公樹下響起。〔註200〕

當農村經濟改善後，電視媒體進入農村，傳統生活方式改變，孩子不再到伯
公樹下遊戲，他們有新的休閒方式，伯公樹下僅剩老一輩的人，三三兩兩在
聊天，昔日榮景不在，作者感慨媒體的無孔不入，美濃傳統生活已經轉變，

〔註196〕《鍾鐵民全集6》，頁304～305。
〔註197〕張二文：〈美濃土地伯公信仰之研究〉，頁190。
〔註198〕張二文：〈美濃土地伯公信仰之研究〉，頁196。
〔註199〕《鍾鐵民全集3》，頁175。
〔註200〕劉洪貞：《未上好的袖子》，頁209。

它走向時代潮流，不再保守。

除了休閒外，還有鄉間亦流行將小孩認給伯公作義子：

> 在嬰兒時，算命的斷言他的命底太硬，會跟父親相剋，於是拜在伯公的名下，認作義子以求平安。所以在他入伍前夕，母親曾帶他來祭祀許願，求他軍旅平安，如今既已歸來，自然要還願謝恩了。

〔註201〕

在醫藥不發達的年代，幼兒體弱或發育不良，父母習慣上都會帶去求助神明，認神明作義父，祈求保佑平安長大，最常認作義父的有媽祖、觀音、土地公等，美濃作家寫到此種題材時，還是以土地伯公為主。文中主角並不相信神明，但因為他是土地伯公的義子，當兵前母親帶他祈求伯公保佑，回來後當然要還願，即使他有自己的主張，但還是順從母親，到伯公壇拜拜。有意思的是，父母希望他服完兵役後再重考大學，他則希望能就業，不想浪費精力重考，文章結尾處，即使不相信神的他，竟祈求土地伯公保佑，由此可知，土地伯公仍存在他記憶中。

鍾鐵鈞〈兒女親家〉中主角亦認伯公為義父：

> 他從小就認給這個伯公做兒子，母親在年節時一定會要他來拜。或許是習慣吧！伯公壇不僅是他童年時的最佳遊戲、休憩場所，直到現在，他仍喜歡來這裡靜靜沉思、觀看四周田地上綠油油的生命。

〔註202〕

主角因父親與丈人吵架而心煩，下意識地到土地公上香，祈求能化解紛爭，因為是土地公的義子，故對伯公壇感到親切，小時候是遊戲場所，長大後仍習慣到伯公壇沈思，就像在家一樣自然，也相信土地伯公可以幫忙解決問題。

當遇到心煩事或挨罵時，習慣上也會到伯公壇：

> 這座土地伯公祠臨近著美濃溪，祠的後方有棵如巨傘般的百年老榕樹遮蓋了整個祠坪，由於它靠近我家，所以自小便是我嬉戲的地方；小時候，每當碰到不高興的事，或者挨了媽媽的竹條子，我常一個人偷偷溜到那兒，爬到榕樹巨大的橫枝幹上躺著沈思。〔註203〕

對於福安的伯公，在吳錦發〈靜默的河川〉中有敘述祂的建築特色，到了〈閣

〔註201〕《鍾鐵民全集2‧祈福》，頁446～447。
〔註202〕鍾鐵鈞：〈兒女親家〉，《台灣新聞報》，1998.1.13～1.16。
〔註203〕吳錦發：《流沙之坑》，頁143。

樓〉，每當主角心情不好時，常跑到土地伯公祠沈思，對土地伯公的感情，從小即深植記憶中，那裡是遊戲與散心的場所，如同自家一樣能放鬆心情。考證作者成長背景與文中描寫鄰近美濃溪，此土地伯公為福安庄頭伯公，其社樹為榕樹，為常見的伯公樹，然一九八四年改建為廟祠後，已無榕樹。

　　土地伯公的重要性，可由家裡不管發生任何事，習慣上都會去伯公壇上香，跟伯公報告看出，例如搬家：

> 他點上九枝香，先向天公唱諾，再轉頭跪在拜氈上向伯公磕謝報告：
> 整整五十年了，終於買到了屬於自己的窩，再二天就要搬到新家了。
> 住在這裡的時候一直受伯公照應，希望伯公在他搬家後仍能繼續照
> 應他。〔註204〕

主角張炎火好不容易買了新家，搬家前的重要大事為到土地公祭拜，跟土地伯公報告搬家事宜。他不是只上炷香，而是慎重的準備祭品，虔誠地感謝伯公的照顧，並希望以後仍繼續照應他。

　　林生祥的〈伯公〉〔註205〕則描述當兵前去伯公壇拜拜，祈求伯公保佑：

> 南片的山　吹來定定的風（南邊的山　吹來慢慢的風）
> 送著　無調無的行過去（推著無緣無故的走過去）
> 隔半坵田遠的老榕樹下（隔著半畝田遠的老榕樹下）
> 吹著伊的鬍鬚盪來盪去（吹著他的鬍鬚盪來盪去）
> 榕樹唇口的老伯公（榕樹旁邊的老土地公）
> 東南片的茶頂山的左手片（東南邊的茶頂山左手邊）
> 撐著半粒還軟軟的日頭（撐著半顆還軟軟的太陽）
> 風吹著伊定定輾上來（風吹著他慢慢滾上來）
> 堵好輾哪山頂上半坎高（剛好滾到山頂上半坎高）
> 長影的老伯公（長影的老土地公）
> 伯公　來唱爺　來跪拜（土地公　來拜拜　來跪拜）
> 伯公　請你保佑　做兵順序（土地公　請你保佑　當兵順利）
> 伯公　來上香　來許願（土地公　來上香　來許願）
> 請汝保佑　還讀書的細妹仔（請你保佑　還在讀書的小女孩）
> 伯公　來唱爺　來跪拜（土地公　來拜拜　來跪拜）

〔註204〕鍾鐵鈞：〈祭伯公〉，《台灣日報》，1998.2.18～2.23。
〔註205〕收錄於《過庄尋聊》專輯。

伯公　請汝保佑　　闔家平安（土地公　請你保佑　闔家平安）

伯公　來上香　　來許願（土地公　來上香　來許願）

請保佑　　要離開兩年的美濃啊（請保佑　要離開兩年的美濃啊）

歌曲直接以「伯公」命名，由南方吹來的風起頭，吹向有榕樹為社樹的老伯公，「吹著伊的鬍鬚盪來盪去」，如同一位老者般，讓人感到和藹可親；再由夕陽的落下，帶出伯公的身影；接著則是上香祭拜，說明此行的目的，希望伯公保佑當兵順利、讀書進步、闔家平安，還有在他離開後美濃也要平安。歌詞情感流露，希望藉由伯公的力量，安撫自己內心的不安。此外，當在都市不得意，回家鄉來時，也要祈求伯公，如鍾永豐〈風神 125〉〔註 206〕：

伯公伯公，子弟撇汝領頭（土地公土地公，子弟向你點頭）

拜託拜託路燈火全部切卑伊烏哇（拜託拜託，把路燈全部都關掉）

母使問爾子弟做麼該愛歸（不必問您的子弟為何要跑回來呀）

伯公伯公，子弟撇汝領頭（土地公土地公，子弟向你點頭）

拜託拜託，左鄰右舍好睡目也呀（拜託拜託，左鄰右舍該睡覺了啊）

莫奔佢等問這子弟怎會走回來呀（不要讓他們問為什麼要跑回來呀）

莫奔佢等按多㤉膦好問呀（不要讓他們這麼多問呀）

回鄉該是光榮的，但〈風神 125〉的主角，卻不希望讓人看到他返鄉，在那個鼓勵年輕人到都市打拼的時代，那代表上進，代表榮譽；然而讓人料想不到的是遇到九〇年經濟泡沫化，主角所有的積蓄都耗盡，最後選擇回鄉務農。這段回家的路程上，他內心矛盾不安，在無助時，最先想到的是伯公，希望伯公將路燈關掉，讓左鄰右舍睡著，別讓大家知道他回鄉，怕父母失望、鄉人不解，只有失敗者才會回來。於記憶深處，伯公是他尋求慰藉的對象，像親人一般，會體諒他、幫助他的。因此，伯公對於美濃人而言，是最親近的神明，祂不是高高在上，而是在人們周圍保護著他們。「按多**㤉**膦」，其中「膦」指男性生殖器，用字較粗俗，透露出主角心情混亂，口無遮攔，只想發洩心中鬱悶之氣。

伯公在美濃人身邊無所不在，〈仙人遊庄〉〔註 207〕裡還扮演了保母角色：

無茶飲　鄰家奉（無茶飲　鄰家奉）

無飯食　打粄仔（無飯吃　討粄食）

〔註 206〕收錄於《菊花夜行軍》專輯。

〔註 207〕收錄於《我庄》專輯。

　　爺哀無閒　伯公惜（父母沒空　土地公疼）

　　仙人遊庄（仙人遊庄）

仙人在客語中指精神不正常，行為舉止怪異者，此歌中描寫了三位仙人，他
們無事就喜歡在街上閒逛。餓了、渴了，向掃墓的人討紅粄仔吃，不會餓死；
父母沒空理他沒關係，土地伯公會疼他、照顧他，土地公不會因為他腦筋不
正常而不理他。由此可知伯公對眾生一視同仁，且對庄民很重要，任何事情
都可拜託伯公，請祂幫忙。

　　最後，在〈課本〉中，則寫到了伯公的祭典滿年福：

　　清明旱魚塘（看毋到）　　　〔清明抽乾池塘（看不到）〕

　　籲陣桥果樹（看毋到）　　　〔呼陣爬果樹（看不到）〕

　　圳溝摸螺貝（看毋到）　　　〔圳溝摸螺貝（看不到）〕

　　伯公滿年福（看毋到）　　　〔土地公祭儀（看不到）〕

每年農曆十一月農收後，由庄內伯公壇舉辦滿年福，又稱冬成福，感謝上蒼
一年來的保佑。〔註208〕滿年福是客家重要的傳統祭典，意義在於感謝上天讓
大家有好收成，而此祭典在課本裡卻看不到，課本與生活脫節，使得後代子
弟都不懂這些傳統習俗，只知在課本與考試中打轉，是很可惜的。

　　除了滿年福以外，土地伯公還有三大祭典：新年福、二月二日、八月二
日，後二者為土地伯公生日，劉洪貞〈伯公樹下〉描寫伯公生慶祝的熱鬧場
景：

　　　每年農曆的二月初二和八月初二都是伯公的生日，這兩天村子裡大

　　　小都會來敬香，或準備牲禮，叩謝伯公，因此伯公壇特別熱鬧。

　　　〔註209〕

伯公生是土地伯公重要祭典，由鄉民自家料理三牲至伯公壇前祭拜，以表達
對伯公的虔誠敬意。〔註210〕美濃人很重視對伯公的祭典，因祂是最親近的神
明，是生活中重要的心靈依靠。伯公是美濃信仰中，出現在文學作品頻率最
高的，由此可印證祂的重要性。

　　最後，新年福與滿年福是相呼應的活動，因新年福在文學作品中，著重
在祭典後的二月戲，故筆者從略討論，而二月戲則於第七節討論。

〔註208〕張二文：〈美濃土地伯公信仰之研究〉，頁116。

〔註209〕劉洪貞：《未上好的袖子》，頁208。

〔註210〕張二文：〈美濃土地伯公信仰之研究〉，頁116。

二、三山國王

接著是客家重要信仰三山國王。一般而言,「三山國王廟」是粵籍移民臺
灣的特有信仰。〔註211〕三山國王是山神,在客家墾殖臺灣的過程中,常有原
住民侵擾村莊的情形發生,故客家人凡聚庄而居後,便會建立三山國王廟,
以做爲全村的守護神。〔註212〕

美濃的三山國王廟,又稱王爺壇,位於興隆里(即竹頭背),雖然三山國
王是客家重要信仰,但在文學中,出現頻率並不高,且因生活環境關係,僅
鍾家父子有描寫,其餘作家則未提及。相關作品有〈薄芒〉、〈雨〉、〈旱〉、〈領
恩俸的日子〉,前三篇爲鍾理和作品,後一篇爲鍾鐵鈞作品。首先是〈薄芒〉,
本篇寫於北京,鍾理和以故鄉竹頭莊爲背景,描述竹頭莊的環境與生活習慣,
其中,有段重要場景即在王爺壇:

> 堂裡恭奉著三山國王,爲要行使而且完成其行善與修誠的目的,所
> 以竹頭莊除開春秋二祭之外,全村民還規定有輪流守堂的規則,每
> 日一換,雖然堂裡還有長年堂守——阿恭伯。這是此村民的唯有,
> 而唯一的義務。〔註213〕

善堂供奉三山國王,是竹頭庄的信仰中心,除了春秋二祭外,村民的義務是
輪流守堂。作者特別強調這個規定,是因爲男女主角關係發展的關鍵,就在
輪到他們守堂的夜晚,男主角喝了點酒,在香味與酒精的作用下,情緒高昂,
且後堂休息的房間昏暗,男女獨處一室,差一點失控,女主角英妹及時拒絕,
慌張離開,獨留男主角阿龍一人。沒想到阿龍從此瘋了,兩人的關係結束,
英妹仍想念那個守堂的夜晚。

另一篇作品〈雨〉,同樣寫三山國王:

> 平安宮就在菸酒配銷所東邊不遠的地方,前邊有一條河悠悠地流
> 過,兩岸有茂密青翠的大竹。這時,宮前的廣場已搭起一座壇,當
> 天擺著香案,上奉神明——三山國王和觀音菩薩,下供清齋果品,
> 香爐裡盛燃香煙,煙氣氤氳、繚繞,香傳遐邇。〔註214〕

這段有個特別的地方,即平安宮祀奉的神明爲三山國王和觀音菩薩,一爲道
教、一爲佛教,兩種不同宗教,竟能祀奉在同一宮廟,印證了筆者前文所引

〔註211〕楊國鑫:《台灣客家》,臺北:唐山出版社,1993.3,頁75。
〔註212〕劉還月:《台灣的客家人》,頁314。
〔註213〕新版《鍾理和全集3》,頁10。
〔註214〕新版《鍾理和全集3》,頁256。

資料，美濃的信仰是融合各宗教的。〈雨〉提到三山國王，是為了要祈雨，〈旱〉同樣也是要向三山國王祈雨：

> 有一日，讀高中的大孩子傍晚自學校回來，報告我們說，鎮裡在求
> 雨，自本日起禁屠三日，鎮民大家要吃三天齋。第三日，大孩子回
> 來又說，天不下雨，齋戒繼續延長，三山國王和法師公都請出天下
> 〔註215〕來晒日頭了，老人們都跪在田裡磕頭。〔註216〕

〈旱〉裡的神明，換成三山國王和法師公，不變的是三山國王。久旱不雨，讓鎮民相當緊張，在科學不發達的年代，向神明求雨，成為人們唯一能做的事，要求雨，就要自身清潔，不可吃肉，〈雨〉、〈旱〉兩篇都有齋戒的規定，要誠心誠意，才能感動老天。至於法師公信仰下面會討論，此處暫略。

鍾鐵鈞〈領恩俸的日子〉則提到王爺壇對村子的重要性：

> 廣德村有兩處集聚人氣的場所，一處位於村中心的圓環，另一處則
> 在村子西邊，出雙峰鎮路上的三山國王廟──王爺壇。或許是有個
> 大廣場和活動中心的關係，王爺壇不僅是村裡的宗教、政治中心，
> 也是喜慶宴客、車子開光、演戲聚會等活動的重要場所，通常晚上
> 八、九點以前，隨時都有老人家在那裡泡茶、聊天、下棋。〔註217〕

文中寫到王爺壇是竹頭庄的人氣場所，廟前有廣場，旁邊有活動中心，只要有大型活動，都會選在此地舉辦，是宗教、政治中心，亦是喜慶、演戲等活動的重要場所。鍾鐵民〈王爺壇的皮影戲〉、〈看戲的日子〉就是寫童年在此廣場看戲的回憶，這裡是美濃人記憶的重要場所。

三、法師公

最後是法師公，即張公聖君爺，祂是屬於閩南的神祇，宮廟可稱「聖君廟」、「聖君宮」、「法師宮」，其中美濃就有六座之多，主神分別為張公聖君、蕭公聖君、劉公聖君及連公聖君，其中流傳的故事不脫離四位異姓兄弟斬蛇除妖的傳說。〔註218〕美濃書寫的作品中，僅出現張公聖君，因此本文以祂為討論對象。

〔註215〕天下：在此指的是房子外面。
〔註216〕新版《鍾理和全集5》），頁135。
〔註217〕鍾鐵鈞：〈領恩俸的日子〉，《台灣日報》，2004.7.12～7.25。
〔註218〕張二文：〈客家「聖君爺」信仰及其傳說流變調查研究──以聖軍、法主公、五營信仰之關係為主〉，2008.12，頁1。

　　張聖君，或稱之爲張道人、張道者、張眞君、張法主公等等，張聖君之
成爲神，與其他神的功能相異之處在於，他的靈應多在於農業社會的農耕生
產生活方面，是與社會最底層人民的生活密切相關。〔註219〕因此，民眾求雨，
會向祂來祭拜，鍾理和〈山火〉中，寫到師爺壇祭拜的情節，大家來此舉行
祭典，卻不清楚主神是誰，主角問信徒是「張道陵」嗎？得到很不明確的答
案，其實這座師爺壇，祀奉的就是張聖君，從幾個線索可知，首先是廟的位
置：

> 師爺壇建立在一座形勢雄壯陡峭的山麓下；前臨小河，三面叫蒼茂
> 修長的竹樹給圍在當中，陰森幽寂。廟宇古樸簡陋，昏暗的樑間張
> 滿了蛛網。〔註220〕

師爺壇建在「形式雄壯陡峭的山麓下」，是指尖山，前臨小河其實就是磨刀河。
在朝元寺未興建前，尖山就設有聖君廟，後來朝元寺規模擴大後，聖君廟受
到壓迫，才將聖君移往他處。除了位置外，法器也是線索：

> 神龕上幾尊被長年煙火燻舊了的神像，一古腦兒浸沐在香煙的大海
> 中，眼睛半閉著，任由那些敬虔的信士們鑽進鑽出，絲毫無動於衷。
> 案傍插著紅黃青白黑五支褪了色的令旂，都繡著一條頭向上翻滾的
> 龍；有字：張府天師。〔註221〕

五種顏色的五營旗，上頭繡著一條龍，這是聖君廟或法主公的特色，因此，〈山
火〉中的師爺壇，即爲尖山聖君廟。因爲張聖君與農民很密切，故信徒眾多，
香火鼎盛。鍾鐵民〈家園〉中有一場祭典，即是法師公生日，作者將聖化宮
的歷史透對對話帶出：

> 「噢，是，沒錯，還沒有興建聖化宮以前，聖君廟就在山腳下，小
> 小一間，大家都稱做法師公壇，印象中我曾跟我阿爸或者阿公去拜
> 祭過。好像廣場下有很高的坎頭，要走很長的石頭階梯才能登上廣
> 場，嘻，幾十年啦。」火鉗回憶起來，有些興奮：「該時興建現時的
> 聖化宮情形我還記得，將把三間小廟的神明請到共下，所以又拜媽
> 祖又拜法師公、還拜關聖帝君。是呀，接下去三月二十三日又是媽
> 祖生拜神宴客！哈哈，神明多生日就多，有鬧熱才有油香收入。再

〔註219〕張二文：〈客家「聖君爺」信仰及其傳說流變調查研究——以聖軍、法主公、
　　　　五營信仰之關係爲主〉，頁15。
〔註220〕新版《鍾理和全集1》，頁131。
〔註221〕新版《鍾理和全集1》，頁132。

說，有眾多神明庇佑，莊頭也比較平安，哈哈！是麼？」〔註222〕
聖化宮尚未興建前，法師公是供奉在尖山腳下的，要爬很長的石頭階梯才能
上去，那時的神明很單純。聖化宮興建後，將三間廟的神明一起請來供奉，
有媽祖、法師公、關聖帝君，又是融合各教的宮廟，信徒認為神明越多就越
能保護家園。

四、祭祀活動

最後是祭祀活動，在「故鄉四部」的第二部〈山火〉中，有一段祭祀的
場面，是故事發展上的重要轉折，前一部〈竹頭庄〉，描寫旱災農民沒米吃，
處處顯露飢荒的場景，但當人都吃不飽時，對於祭拜神明卻不可馬虎，必須
準備最好的祭品。因此作者在〈竹頭庄〉後緊接著寫了〈山火〉，前者敘述農
民沒有米，只能吃蕃薯過日子；後者則因迷信，準備了大魚大肉祭神，兩者
呈現強烈的對比：

> 翌日，哥哥殺了一隻鵝；另外還有豬肉豆腐等，張羅了一付很體面
> 的牲醴，由嫂嫂挑去。這是他私人備辦的。在公的那方面，還有甲
> 備辦的全副豬羊五牲。〔註223〕

> 當他看到哥哥那付牲醴時不禁讚嘆起來。那付牲醴不但特別豐盛，
> 而且有點與眾不同。那隻鵝又肥又大，腦袋和平地向後彎側著，皮
> 膚滲著一層透亮的油脂，黃澄澄地。〔註224〕

哥哥斥責放火燒山的人迷信，並且對他們充滿了怨恨，但話鋒一轉，卻要主
角參加祭神典禮，除了鄉里辦的牲醴外，自己再準備一付，而且捨棄了雞、
鴨，選了家禽中體型最大的鵝。這隻鵝又大又肥，皮膚透著油脂，是精心飼
養的，除了炫耀外，還有認為鵝體型大，對神才比較尊敬的意涵在裡面，哥
哥說別人迷信，他也陷入迷信而不自知。在艱困的年代裡，人們對於未來只
能寄望於神明，他們不相信自己的力量能改變什麼，為了要建學校募款，只
能募到一點點，但要建廟則能在短時間內募到大筆資金；自己只能吃蕃薯、
豆豉，但祭拜神明則用豬肉、鵝等牲醴，人的不理性在貧窮時更明顯。而整
個儀式更讓主角感到訝異：

〔註222〕《鍾鐵民全集4》，頁424～425。
〔註223〕新版《鍾理和全集1》，頁131。
〔註224〕新版《鍾理和全集1》，頁133。

在所有的東西裏面，似乎都有著一種不調和的氣息；一切極其矛盾而滑稽。褻瀆和虔信、放肆和精誠、莊重和隨便；這一切是那麼自然地被融和在一起。他們把神人格化了，這裏面沒有普通人所想像的對神的尊崇。然而他們卻以另一面，另一個不同的意義令我吃驚——他們有著和對自己的熟人親人相同的親熱！〔註225〕

他覺得這些祭拜儀式很可笑，主祭者隨著司儀的口號跪拜，如同玩偶一般，沒有自己的思想。整個祭典充滿著不調和的氣息，這種儀式感覺不出對神明的尊崇，反而有像對親人同樣的親熱，主角並不認同這種儀式代表敬仰，反而覺得像兒戲。〈山火〉的祭典是還福，屬於熱鬧的祭典，〈雨〉的祭祀，則有嚴肅的責任：

鎮中幾位年長的老人全身披麻戴孝，跪在前排；老人的後面左右有更多鎮民跪著，他們一律光著頭，戴著烈日，他們半閉著眼睛跪在那裡，曬得一個個面紅耳赤，黃豆大的汗珠自頭頂、額門、脖頸，像雨一般滴落。他們的眉宇之間現出一種決心，這決心和悲壯、誠謹，肅穆揉和在一起，使他們的臉孔有了一種既剛又柔，既謙卑又倔強的表情，他們想以一片赤子之心上通天庭，用真誠感動上蒼給他們佈施甘露，給他們那荒蕪而又乾燥的可憐的土地一點滋潤，他們準備倘使上天不接受他們的禱告，便曬倒在那裡，讓神看看上天是多麼地冷酷殘忍，多麼地不通人情。〔註226〕

這場祭祀主要是要向上天求雨，比起〈山火〉有點兒戲的儀式，〈雨〉的儀式顯得嚴肅許多，主祭者是鎮上的長者，他們披麻戴孝跪著，後頭還有更多鎮民一起跪，且不准戴帽子，全光著頭曬太陽，炎熱的太陽曬得他們汗水直流，可是他們不肯起來，因為要對上天展現決心，讓老天看看自己的殘酷，希望能憐憫他們，施捨雨水下來。整個祭典的氛圍是「悲壯、誠謹、肅穆」，沒有人開口說話，全都跪在地上。這種祈雨儀式，有點自虐，用虐待自己的方式，凸顯老天的殘忍。〈旱〉裡面的祈雨也是如此，最後連神像都曬皸裂了，只好草草結束。

鍾理和寫祈雨的過程很細膩，對於人在其中的角色，給予評斷。而鍾鐵民的祭典活動，則偏向客觀描述，如〈雨後〉的打醮祭典：

〔註225〕新版《鍾理和全集1》，頁136。
〔註226〕新版《鍾理和全集3》，頁256～257。

> 鞭炮聲響了一個早上，煙硝氣味滲和著檀木香濃郁的芬芳，瀰漫在
> 整個廣善堂前的廣場上。七月鬼門開，但過了中元節，據傳是關起
> 鬼門的時候了，每年七月底，廣善堂都要打醮祈福，大拜拜一番，
> 普渡陰間眾苦難的靈魂昇天轉世。〔註227〕

客家人農曆七月的普渡，不像閩南人拜一整個月，通常是七月初一、中元節
與月底。在七月底，廣善堂會舉辦打醮祈福活動，是當地大事，全鎮的居民
有空，都會來廣善堂上香，整個祈福活動需靠信眾的幫忙，才能熱鬧進行：

> 先發請帖，邀請各處善男信女，然後殺豬宰羊。福首共有二十多人。
> 殺完豬羊，燙透後擺上祭案。全鎮信眾也各自辦好三牲祭品紛紛到
> 來，祈福還願的都有。從大早開始，福首們有些要照顧祭神的人，
> 幫助他們燃香點燭，跌筊解籤，有些要買辦菜色，預備明天祭完神
> 後的大宴；還要搭布棚架戲臺，這些都是自願前來奉工的，每年照
> 輪流。〔註228〕

首先要發請帖，祭品是全豬全羊，選出福首二十人，幫忙祭祀活動與接待信
眾，然後要買辦菜色，完神後要宴客，還要搭布棚架戲臺，這些工作人員，
都是自動前來奉工的，大家不計酬勞，只要祭典熱鬧順利，就是最好的酬勞。
至於大宴的客人，就是收到請帖後，有捐款並答應登席者，鍾鐵民在〈家園〉
中，特別介紹這種習俗：

> 農曆三月初八是法師公神誕。照例都是前一天晚上完願祈福，酬神
> 演戲，當天中午信徒湊份宴客。誰要湊份參加，從來就不勉強，事
> 前幾天由當居「福首」一家家去問名，這樣的眾事，除非真有要務
> 纏身，村中民眾大抵都樂於湊一份熱鬧，稱作「打逗趣」。自來農村
> 的生活比較單調孤寂，民眾平日勞動十分辛苦，只有藉著喜慶神誕
> 的活動來製造一些樂趣，演戲酬神更是全村老少共同的娛樂。所以
> 在這樣的場合設席宴會是既熱鬧又合眾大事，費用均攤，早年地區
> 性公共事務，往往在此宣布，尋求共識，共謀解決。〔註229〕

完願祈福是要在晚上進行的儀式，結束後，隔天中午就要宴客，有捐款就可
登席，從不勉強。為了確定人數，福首要一家家去問名，一旦答應出席，除
非有急事，不然很少爽約，這種登席活動，又稱「打逗趣」，是農村難得的熱

〔註227〕《鍾鐵民全集2》，頁89。
〔註228〕《鍾鐵民全集2》，頁89。
〔註229〕《鍾鐵民全集4》，頁422。

鬧活動。因村民出席意願很高，所以常藉此機會宣布公共事務，以便讓大家討論。

　　除了伯公、三山國王、法師公外，鍾鐵民〈夜雨〉還有提到五穀爺，一樣寫祈雨，只是不向三山國王祭拜，而是向五穀爺求雨。從上述討論可發現，伯公屬於小範圍的信仰，最接近生活，因此相關描寫最多；三山國王、法師公、五穀爺則法力較大，要求雨都會向祂們祈求，而這些大的祭典，並不是常有，因此出現在作品裡的頻率，遠不及伯公。此外，這些神明位階高，在描述上也會比較嚴肅，不如伯公來得親切。

第六節　勤勞節儉的生活習慣

　　建構美濃聚落文化，包括前五節討論的建築、飲食、服飾、教育、信仰，可看出濃厚的客家文化，現在，筆者將討論美濃人的生活習慣，範疇較前幾節廣，亦較瑣碎，分為傳統保守、勞動身影、歲時年節等三項，從各方面分析作家筆下的美濃人。

一、傳統保守

　　首先是傳統保守，整個美濃聚落文化的形成，主要受限於地形與交通的阻隔，與外界較少接觸，因此才能保持完整的客家文化，然而也因此造成美濃人性格的傳統保守，鍾理和從高樹到美濃的第一個感覺，就是保守，他在〈笠山農場〉裡，如此描述美濃人：

> 在這裡，時間如果不是沒有前進，便像蝸牛兒一般進得非常之慢。
> 一切都還保留得古色古香，一切都呈現著表現在中國畫上的生活的
> 靜止。彷彿他們還生活在幾百年前的時代裡，並且今後還預備照樣
> 往下再過幾百年。〔註230〕

因為地理環境與交通的阻隔，當下庄已經逐漸開發，跟上時代腳步時，這裡的生活方式竟如此古老，主角劉致平到美濃後，不禁發出感嘆，如果不是時間停止，便是像蝸牛一樣緩慢，這裡的屋舍、服裝、思想等都還留在過去，他們還不願有太多改變，也不願接受新事物，觀念很保守。尤其是宗姓的觀念，更比其他客家庄還要嚴明：

〔註230〕新版《鍾理和全集4》，頁39。

> 這地方是如此保守，宗姓的觀念牢固而嚴明，假使你沒有碰牆的自
> 信和勇氣，最好你就依照傳統的指示安排你自己的運命。這樣，可
> 以給大家省卻許多無謂的麻煩和痛苦。〔註231〕

主角在此地發現，只要是同姓者，不管是否認識，皆以叔伯姑姨等親屬稱謂
相稱，沒有例外，如淑華就稱他為「致平叔」，此種稱呼，讓致平感到不可思
議，也無法理解。將同姓的人全納為同一家族，大家都是親戚，故同姓不可
結婚，對於受過新式教育的致平而言，完全無法接受這種傳統觀念，而這道
牆就橫在他與淑華之間，若沒有堅定的意志與勇氣，就無法衝破它。

　　美濃人的保守性格，除了宗姓之外，還有過於重實際，鍾鐵民在〈月光
山下‧美濃〉中，批評這種性格：

> 美濃人重實際，浮華浪費一向為眾人所鄙。而過分的重視現實，卻
> 不免忽視了精神生活，這或許是造成本地區文化落後的原因之一
> 吧！這種性格，連帶也使美濃人缺乏高瞻遠矚的識見，不關心柴米
> 油鹽以外的任何事物。〔註232〕

美濃人因襲傳統，不願接受新事物，對於精神層面的文化，更是漠然，他們
每天忙於工作，只關心物質生活，對於文化事業從不關心。此種性格，導致
美濃在文化上進步慢，藝文表演無人觀賞，也沒有畫展或其他藝文活動，如
同文化沙漠一般。此種現象直至反水庫運動興起才有所改善，鄉親開始關心
家鄉的事物，願意走出美濃，接受新知。

　　保守性格還有一點，即排外。對於非美濃當地的客家人，美濃人會帶歧
視與敵意對待他們。在美濃書寫中，常看到一個特有名詞「北部人」，指的是
北部客家移民，這群客家人在日據時期，被招募至美濃南隆地區開墾，移民
群中以新竹地區人數最多，由於移民時孑然一身、困頓至極，加上語言、文
化上的差異，遭受瀰濃當地人看輕，瀰濃地區的客家人稱新竹州的客家人為
「臺北人」，所講的客語稱「臺北客」，「臺北人」則稱當地瀰濃客家人為「下
南人」；兩地客家人祖籍地雖同為中國原鄉（有四縣及海陸之差別），但在臺
灣所處地理環境、社會背景不同的條件下，即使同時入墾南隆地區，也無法
融合。〔註233〕鍾理和在〈笠山農場〉中，就寫到當地人對北部人的歧見，只
要對方行為不對，若知道是北部人，就會覺得理所當然，因為他是北部人，

〔註231〕新版《鍾理和全集4》，頁221。
〔註232〕《鍾鐵民全集6》，頁313。
〔註233〕《美濃鎮誌》，頁68。

對於這種現象，鍾理和嘗試去分析：

> 這裡所謂北部人，是指新竹方面的移遷者而言。那裡地勢傾斜，平
> 野較少，加上生口繁密，因此人浮於事，無地可耕的人們便祇好四
> 出找尋耕地。對于此種人南部那廣大膏腴的平原，便具了最大最高
> 的吸引力。他們潮水似的湧到南部來了，在廣大的平原上，浪人似
> 的由這裡漂流到那裡，一刻不停，直到把他們那漂浮無定的腳跟紮
> 進地皮裡去為止。他們雖然大多也同是客家人，但愚蠢而頑劣的地
> 域觀念，和人類生存本能，使得本地的客家人一律對之懷著執拗而
> 深刻的仇視，和尖銳到不可思議的惶恐。〔註234〕

因為本地人認為北部移民搶奪了資源，這群來自北部的客家人，集體而居，
生活上自成一區域；嫁娶仍選擇原北部地區的客籍對象，瀰濃地區的客家人
則甚少與他們往來；「交南莫交北，交北惹不得」是下南人對待臺北人的態度，
而臺北人更別說向他族借錢或通婚了。〔註235〕鍾理和在〈笠山農場〉中，認
為這是「愚蠢而頑劣的地域觀念，和人類生存本能」，北部人大批來到美濃開
墾，資源被瓜分，對在地人而言，他們就像蝗蟲一般，到處開墾搶資源，在
族群意識上，會築起一道防衛線，再加上雖同是客家人，但語言文化差異大，
兩個族群無法溝通，於是美濃人將這些人歸類為「北部人」，那具有貶抑之意
的代名詞。鍾鐵民〈夏日〉、〈偷雞的人〉、〈蛇的故事〉、〈谷地〉、〈父親・我
們〉等作品，直接稱呼北部人，可見這個名詞對美濃人而言很普遍，且已成
為大家的族群記憶，作品裡的北部人，常有負面形象，如〈夏日〉，父親對女
兒開玩笑，要將她嫁給「三甲水開山的北部人」；〈偷雞的人〉裡的劉阿三，
一個令人討厭的傢伙；〈蛇的故事〉裡已故的阿房伯，大家已忘了他的身分，
直到被蛇咬後大哭，將自己的族群暴露出來，在場的人都覺得他的腔調很有
趣，但也為一個大男人竟哭成這樣感到尷尬。

　　這種族群意識，不只對北部人如此，對其他六堆地區的客家人，也有同
樣歧視狀況，只是情形沒有那麼嚴重。如〈笠山農場〉第一章，「下庄人討厭，
我不去。」「我見過幾個下庄人，都很小氣。我想他們也不會好過多少。」〔註
236〕對於非美濃地區的客家人，仍帶有偏見。

〔註234〕新版《鍾理和全集4》，頁53～54。
〔註235〕《美濃鎮誌》，頁68。
〔註236〕新版《鍾理和全集4》，頁20。

二、勞動身影

接著是勞動身影，美濃書寫中，描寫最多的勞動身影，是婦女的身影。傳統觀念裡，認為女孩必須學會四頭四尾，包括「家頭教尾」、「田頭地尾」、「灶頭鍋尾」、「針頭線尾」等四項婦工，才能算是能幹的女性。在此種教育之下，美濃婦女個個能文能武，項項皆能。〔註237〕如鍾理和筆下的平妹，就是樣樣都能：

> 我們留下來的唯一產業，是屋東邊三分餘薄田，在這數年間，平妹已學會了莊稼人的全副本領：犁、耙、蒔、割，如果田事做完，她便給附近大戶人家或林管局造林地做工。我回來那幾天，她正給寺裡開墾山地。她把家裡大小雜務料理清楚，然後拿了鐮刀上工，到了晌午或晚邊，再匆匆趕回來生火做飯。〔註238〕

為了生存，平妹將莊稼人的全副本領全學會，田裡的工作難不倒她，田事忙完還會到造林地做工、開墾山地，早上家裡忙完，馬上出去做工，吃飯時間，再匆匆回來做飯，客家傳統女性教育，完全在她身上展現。女性勞動身影還有〈笠山農場〉的眾多女工，〈做田〉裡在田裡插秧的婦女，對這些女性，鍾理和是很佩服的，在描寫上皆為正面形象。

鍾鐵民關於農村的作品中，亦以婦女勞動身影描寫最多，如〈雨後〉：

> 下田的大都是中年以上的，除開天星振富他們五六個年輕的男人外，全都是女人，有鄰近的女孩子，有年輕的婦人，做起事又輕快又熱鬧。天星走過不少地方，他發現客家女孩子特別能吃苦，在家裡負責理家養豬，在田裡除開犁田耙田揹重以外，樣樣在行，而且活潑大方，天星喜歡有女孩子一同工作，其實所有男人都差不多，有女孩子說說笑笑，工作顯得特別有勁。〔註239〕

主角到外地幫忙犁田，回家後到朋友家幫忙收割，他發現一起工作的同伴，除了五六個男性外，其餘全是女性。他覺得客家女性特別能吃苦，任何工作都難不倒她們，而且活潑大方，能和她們一起工作，他感到特別有勁。

〈月光下的小鎮〉中，主角外婆家的女性，同樣是這麼忙碌：

> 她們操持家務，料理一天三餐，還要到田裡做農事，餵養家禽豬隻，

〔註237〕《美濃鎮誌》，頁1134。
〔註238〕新版《鍾理和全集2‧貧賤夫妻》，頁132。
〔註239〕《鍾鐵民全集2》，頁138。

照顧孩子，差不多所有美濃婦女都把這些事視爲本分的工作。
〔註240〕

在農業機械化未普遍前，一般美濃耕田的婦女，有一張日課表：凌晨三點起床，挑二十擔水入缸，四時起火備飯湯，五點提籃洗衣，洗完做菜早餐，七時出門下田，十點餵小孩吃奶，繼續工作，十一時半回家，十二時準備午餐，下午兩點下田工作，四點餵奶，六點半準備晚餐，八點多剁豬菜，九點半刷蕃薯煮汁，十一點就寢。〔註241〕由這張課表，可看出美濃的婦女有多忙碌，她們每天如此操作，像陀螺一般轉個不停，從家務、三餐、田事、照顧孩子，晚上還要準備豬的飼料，然而她們卻將這些工作視爲本分，一直認命的完成它們。美濃作家筆下的婦女，皆遵守著此一課表，日復一日地忙碌工作著，很少有例外的。如：〈阿耀的作業〉寫妻子好像永遠有工作可忙：

> 李長庚的老妻好像永遠有忙不完的工作，娶了媳婦當了阿媽還是一樣，田坵裡蒔田割稻、種菸燻菸、菜園種菜作小冬，樣樣一手包辦，只要風調雨順，她幾乎從未感到吃力的勞動工作有什麼辛苦，她活著的唯一意義就像是爲著篤實耕作，讓土地盡可能的生產糧食。
> 〔註242〕

當了阿媽還是忙於農事，要蒔田割稻、種菸燻菸與種菜等，她從未感到辛苦，活著的唯一意義就是耕作勞動，每天忙個不停，才能讓她覺得過得充實。由於在美濃大都看到婦女在下田，於是外地人就會對男性有誤解：

> 美濃人將勤儉視爲最高美德，把奢侈浪費當作是不赦大罪。美濃男子勤奮能吃苦，女子也一樣能擔負各種辛勞的工作。常有外地人到美濃看到田野鄉間工作的婦女很多，往往誤解美濃只有婦女下田工作養家，結果更錯以爲美濃男人只在家煮飯揹孩子。這種誤會常令美濃男人哭笑不得。〔註243〕

外地人到美濃，常常看到很多在田野工作的婦女，因此誤解美濃只有婦女下田工作，男人則在家煮飯照顧孩子，其實這些都是誤解，他們是分工的，女性負責田裡較輕的工作，較種的工作如犁田、揹穀包等就由男性負責，共同完成各種農事。至於男方要找媳婦，也與其他族群不同：

〔註240〕《鍾鐵民全集3》，頁225。
〔註241〕《美濃鎮誌》，頁1135。
〔註242〕《鍾鐵民全集4》，頁312。
〔註243〕《鍾鐵民全集6‧月光山下‧美濃》，頁312。

> 美濃婦女秉承了客家女性的美德。已故美國西部片影星約翰韋恩說
> 過「帶槍的女人最漂亮」，美濃人則認爲「能騎重機車載運穀包的女
> 人最可愛」，所以，美濃的公公婆婆爲兒子找媳婦時，面孔是否漂亮
> 並不十分重要，首先要看的倒是她的小腿粗不粗，腰身挺不挺，轉
> 身換步是否輕盈俐落。〔註244〕

要找媳婦，不是找漂亮的，而是她的小腿粗不粗，太細表示不會做事，要看
她腰身挺不挺，腰身挺才能扛起家庭重任，最後還要看她轉身是否輕盈俐落，
表示動作靈活，工作很快可以完成，動作慢吞吞、手腳不夠俐落，看起來病
奄奄的女性，是會被嫌棄的。

除了這幾篇外，鍾鐵民尚有其他作品有相關描述：〈倒運〉裡的妻子，丈
夫不負責任，她只好自己犂田插秧；〈菇寮〉的妻子，丈夫不切實際的種菇事
業，累得她要去幫人收割，還得忙自家的菇寮；〈山谷〉的女主角，要臨盆了
還跟丈夫上山種樹薯；〈送行的人〉中死亡的女主角，生前也是忙個不停；〈夜〉
的男主角會看上女主角，就是她的勞動身影吸引了他；〈送〉一文的女主角和
女兒們，爲了生存得努力工作；〈帳內人〉的妻子，被丈夫全家排擠，但她仍
盡本分完成自己的工作；〈菸田〉中摘菸的女工們，每個都從早忙到晚；〈黃
昏〉的女主角，即使手背不小心被菜刀剁到，止血後繼續剁豬菜；〈雨後〉的
母親，田事、家事要忙外，還要照顧二十多頭豬；〈三伯公傳奇〉的女主角，
年輕時與丈夫一起耕種，從不喊累；〈大姨〉的大姨，非常的精鍊能幹；〈女
人與甘蔗〉女主角，先生是老師，並不愁吃穿，然而她還是要種東西，無法
清閒過日；〈丁有傳最後的一個願望〉女主角年輕時與丈夫共同打拼，才有今
天的好日子；〈蘿蔔嫂〉的女主角，從年輕忙到老，已經不愁吃穿了，還想去
工廠工作賺錢，因爲她閒不下來；〈阿月〉同樣是勞動婦女；〈荒村〉已過世
的妻子生前總是過著勞碌生活等等，皆描寫客家女性吃苦耐勞的身影。

美濃婦女還有一個特殊的生活習慣，即洗衣服的方式，與其他地方不同，
是美濃獨特的文化：

> 美濃溪兩岸淺水中，老老少少的女人，全都把褲管捲得高高的，面
> 前疊起一塊斜面的扁平石頭，她們彎腰揉洗衣服，背朝河心，衣服、
> 籃子、肥皂反而放在河岸上。〔註245〕

〔註244〕《鍾鐵民全集6‧月光山下‧美濃》，頁313。
〔註245〕《鍾鐵民全集3‧月光下的小鎮》，頁216。

美濃的特殊洗衣文化，為洗衣婦女是面對河岸洗衣服的，她們站在河水裡，背對河心洗衣服，這個特殊習慣的產生，是為了防衛：

> 在台灣其他地方，鄉下婦女浣衣總是蹲跪在河岸上，腳不觸水。惟
> 獨美濃婦女全要找個淺灘，站在水中，而且一律面向河岸。她們也
> 不知道為什麼要這樣洗衣，只知道她們的媽媽也是如此。據考證，
> 這是一種自保的姿勢，客家人生活環境中往往四面敵人，所以警覺
> 性特別高。〔註246〕

外地人到美濃，只要早上起得夠早，就能到東門樓旁的美濃溪，看到這種特殊景象，這個習慣是代代相傳，屬於美濃婦女的集體記憶。產生原因是先民到美濃開墾時，當地仍是平埔族的活動範圍，還有一些盜賊出沒，最先也是面向河中心，結果有婦女因此遇害，從此，美濃人記取教訓，改變洗衣習慣，不管天氣有多冷，一律站在水裡，面向河岸洗衣，如此才能發覺危險，及時逃走。即使後來沒有敵人，大家仍舊這樣洗衣服，那已經深植在她們的記憶中了。

洗衣時間，更是婦女們社交的時間〈清晨溪邊浣衣忙〉與〈世外桃源‧客家小鎮〉中都有相關描寫，如〈世外桃源‧客家小鎮〉：

> 儘管洗衣機已是普通的家電，但是東門樓下美濃溪中，清晨洗衣服
> 的婦女仍然那麼熱鬧，在這兒，她們彼此交際聊天，交換消息，樂
> 此不疲。嚴冬水寒入骨，晨霧瀰漫，那河岸邊水面上彎腰晃動的無
> 數影子，就是浣衣女子。〔註247〕

儘管洗衣機已經普遍，但老一輩的婦女，仍舊習慣每天早晨到東門樓下美濃溪洗衣，因為她們可以交際聊天、交換消息，為她們忙碌的一天，增添樂趣。不過現在到東門樓，已經看不見洗衣婦女了，河水污染加上堤岸整治，還有這些婦女年紀太大或已過世，年輕一輩的女性，早已改用洗衣機，不再到河邊洗衣了。這種洗衣情景，只能從記憶裡尋找，如劉洪貞的洗衣記憶，充滿有趣回憶：

> 在這兒洗東西好處很多，水質乾淨，場地寬敞，工作起來很順手，
> 是原因之一，但是最重要的莫過於，村婦們珍惜這個一天一次的聚
> 會時刻，因為農業社會，家家工作忙碌，日出而做日入而息，是千

〔註246〕《鍾鐵民全集6‧月光山下‧美濃》，頁329。
〔註247〕《鍾鐵民全集6》，頁346。

篇一律的生活作息方式，整天各忙各的，唯有在這裡洗衣服時，東村西村的鄰居們可在這兒聚聚，大家雙手在石板上搓洗著衣服，嘴裡卻聊著持家之道、育兒經驗，甚至於厝邊隔壁的種種情事，在日出前，這兒是充滿情趣的地方，搗衣聲和著村姑的輕聲笑語、小道消息的傳聞，都會瀰漫在這小小的世界裡，當曙光乍現，一天即將開始的時候，大夥兒提著洗好的衣服各自回家，準備展開新的一天田裡的工作，此時河邊又恢復了寧靜。〔註248〕

洗衣服的時光，是婦女們最快樂的時間，她們每天忙於田事、家事，難得有屬於自己的時間，於是更加珍惜這難得的機會。大家互相交換資訊，聊著持家之道、育兒經驗、甚至左鄰右舍的八卦，新嫁娘則可趁機請教她們此地的生活習慣，在日出前，這裡充滿了笑聲與搗衣聲，等到日出後，才各自回家，於是小河又恢復寧靜，要等明天，才能再聽見熱鬧快樂的笑聲。

最後是幫手與換工的習慣，在第三章第二節水文的討論裡，提到同一水圳的居民為了促成合作，彼此發生密切關係，導致當地社會人際關係的改變，進而促成當地超村際性，以及超地域性的合作網絡與管理結構的建立。〔註249〕此外，要管理水圳，亦需要大家的幫助，於是很容易促成土地的共作，及沿岸上下游勞力的相互支援，又可透過密佈的灌溉圳道，聯繫該灌溉區域，甚至越界聯繫鄰近地區，進而促成該區域的團結。〔註250〕此種習慣亦從祖先相傳至今，鍾鐵民〈菇寮〉中，有一段換工的情節：

> 種菸，幾乎每一家都在趕工，連我們這樣不種菸的人家也被拖著走，
> 家裡老妻、阿秀阿蓮，母女三個天天都出門，現在不趕緊換些人工
> 來，到自家割稻子時，連工人都沒地方請哩！〔註251〕

換工又稱「交工」，因種菸需要很多勞力，主角家沒種菸，這段時間是農閒時期，於是他妻子與兩個女兒，都跑去幫人種菸，目的就是為了割稻時，能夠有人手幫忙，這就是美濃的「交工」制度。

對於幫手與換工，劉洪貞〈客家村裡溫情多〉則詳細敘述此合作模式：

> 所謂「幫手」就是鄰居給予需要幫助的家庭，一些人力上的支援，

〔註248〕劉洪貞：《紙傘美友情濃・往日情懷》，頁115～116。
〔註249〕簡炯仁《高雄縣旗山地區的開發與族群關係》，頁288。
〔註250〕簡炯仁：《高雄縣旗山地區的開發與族群關係》，頁293。
〔註251〕《鍾鐵民全集1》，頁104。

> 沒有任何酬勞，純粹是義務的幫忙，種田人家常有農忙時期，不管
> 收割或是播種，甚至於平常的日子中，都很需要人手。〔註252〕

「幫手」指的是鄰居給予需要幫助的家庭，人力上的資源，沒有酬勞，純粹義務幫忙，最常看見的是婚喪喜慶時，左鄰右舍會來幫忙，當招待、提供桌椅、幫忙洗菜煮菜上菜，若為喪事，鄰居一得知，馬上就會到喪家幫忙，安慰喪家、處理喪事、招待來致哀的人等，不用人拜託，全是自動自發的。除了幫手外，對換工亦有詳細解釋：

> 除了幫手之外，在農事中最具特色，最具意義的，莫過於換工了。
> 所謂「換工」就是互相調換工人，今天劉家割稻子人手不夠，陳家
> 去兩個人給予幫忙，下回陳家工作忙時，劉家又來兩個人給予幫忙，
> 兩個人換兩個人剛好扯平誰都不欠誰，這就是換工。〔註253〕

以人力互換來完成農事，為了要多一些交工人手，有些農家會在空閒時，到別家工作，以獲得換工的人力，輪到自己家農忙時，才會有足夠的人手幫忙，這種交工，不以金錢算，而是以人算，互相交換勞力，可省錢又可增進人際關係。

三、年節習俗

　　一個地方的歲時習俗，反映著地方人民的宗教信仰與社會生活，客家人的歲時習俗，大致包括全國性的傳統信仰、地方性神明和雜神崇拜、以及傳統的歲時節俗。在美濃，過年從農曆十二月二十四日的送神揭開序曲，這一天各家的門神會隨灶神回天庭述職，故每戶人家會在門前貼「門前紙」，謂之封門，以代替門神。〔註254〕鍾鐵民的散文〈火燒門前紙〉即介紹這種習俗：

> 客家年俗中有貼「門錢紙」的規矩，門錢紙用一張道士畫符的黃紙
> 豎折，外面包一張短一點的「壽金」（紙錢），兩端再以小紅紙條箍
> 起來就成了。貼好春聯和五福紙，每個門的兩側各貼一張「門錢紙」，
> 從除夕拜祭完祖先後，逐門上香燒紙錢，連豬舍牛舍廁所的門都不
> 例外，早晚兩次；用意無非是答謝門神一年來對闔家大小的照顧。

〔註252〕劉洪貞：《紙傘美友情濃》，頁133。
〔註253〕劉洪貞：《紙傘美友情濃》，頁135。
〔註254〕《美濃鎮誌》，頁910。

到年初三清早上完香後，立刻一一撕下到庭前與紙錢一同燒化。一

邊唸著：「火燒門錢紙，個人尋生理」送神。年已經過去了。〔註255〕

門前紙必須每個門都貼，從除夕拜完祖先開始，只要有貼門前紙的門，全都
要上香燒紙錢，一直拜到年初三，上完香後，撕掉門前紙與紙錢燒化，還衍
生出「火燒門前紙，個人尋生理」的諺語，表示年已過，要開始工作了。過
去三合院門都在外面，貼門前紙並上香燒紙錢，煙霧能飛散，現在的住宅都
是西式的，門都在屋內，若仍依照舊習俗，整間房子會烏煙瘴氣，因此，現
在很少有人再貼門前紙了。

接下來是農曆十二月二十五日的「入年掛」，「入年掛」的說法很多種，
有「入年假」或「落年架」，客語讀來都很接近，鍾鐵民以〈入年掛〉為題，
介紹習俗並解釋字意：

　　農曆十二月二十五日「入年掛」，意思是說進入到了過年的時令，要
　　迎接新春了，直到年初五「出年掛」，表示新年的迎春活動結束。不
　　過在美濃客家地區的發音是「年價」而不是「年掛」，我的母親多年
　　來就常為入「年價」而發愁，直到我能工作接過了生活的擔子。因
　　為從「入年價」這天開始年貨漲價，所有的服務都要加成收費了。
　〔註256〕

「入年掛」的客語發音為「入年價」，即從這天起各行各業都要漲價，一直要
到初五「出年掛」。每到入年價的時間媽媽們都很煩惱，因為服務變貴、過年
必需品全都漲價，故常在入年價前趕緊催促孩子去理髮。入年掛後，婦女們
就要開始準備過年了：

　　一入年掛，農村裡的婦女們便紛紛結束田畝中的工作，開始整理住
　　家的內外、蒸年糕。從廚房到臥室將累積了一年的灰塵作一次大掃
　　除。〔註257〕

家家戶戶要大掃除，趕辦年貨，還要蒸製各種應景的年糕和粄食，〔註258〕所
有過年要用的東西都要準備好，這一天開始進入過年。接著是年三十除夕：

　　除夕早上要「敬伯公」，下午則要「敬阿公婆」。敬神祭祖完畢，大
　　人做封雞封肉，小孩則燒熱水，在太陽沒下山以前要全身徹底梳洗

〔註255〕《鍾鐵民全集5》，頁229～230。
〔註256〕《鍾鐵民全集5》，頁92。
〔註257〕《鍾鐵民全集5》，頁93。
〔註258〕《美濃鎮誌》，頁910。

> 乾淨，換上新衣服，上香、放鞭炮，等待吃年夜飯，分發紅包。年
> 夜飯中一定有芹菜和魚，最好是鯧魚，取「群子群孫和年年有餘、
> 富貴昌榮」的意思。〔註259〕

除夕早上要拜土地公，下午則是祭拜祖先，報告祖先即將要過年了，祭拜完後的祭品，就要下鍋做年菜，主婦們要忙著做封雞封肉，孩子們則要在太陽下山前洗好澡，換上新衣。除夕夜的年夜飯菜色，都是取吉利之意。

　　過完年，農曆二月起，就要開始掛紙：

> 南部客家莊從農曆二月初起，就開始有人選擇黃道吉日去掛紙了，
> 直到清明日為止，這是春節後民間一個最重要的節氣大事。掛紙就
> 是掃墓，把先人風水周圍雜草清除乾淨，在墓碑上壓掛著幾張黃紙，
> 家人準備好三牲祭拜，既表達子孫孝思，也有檢視墓塋是否完好的
> 意思。〔註260〕

掛紙就是掃墓，客家人習慣於清明以前完成掃墓大事，南部是從農曆二月開始，與北部客家從元宵過後不同，但都要在清明前完成。掛紙為子孫表達孝思的祭典，每一家族幾乎都能全員到齊。

　　美濃作家關於年節習俗的書寫，主要以過年習俗為寫作重點，因為這些傳統習俗表現出族群的特色。

第七節　忙裡偷閒的娛樂活動

　　客家人重現實，對於休閒娛樂不太重視，因為玩樂會讓人有罪惡感，有偷懶之嫌，故他們所從事的休閒娛樂活動種類就很少，筆者分為山歌、看戲、電影與遊戲四部分，討論美濃人的休閒生活。

一、山歌

　　首先是山歌，客家人喜歡在工作時唱山歌，可以調劑工作的辛苦，還可以展露歌喉與機智。美濃作家對於山歌的描寫，以鍾理和寫最多，且最仔細。如〈親家與山歌〉，就以聽到山歌引起主角的興趣開始，聽到山歌心情就不知不覺的愉快起來：

〔註259〕鍾鐵鈞：《笠山依舊在・過年》，頁140。
〔註260〕《鍾鐵民全集5》，頁95。

歌聲圓潤婉轉，調子纏綿悱惻；卻也不離牧歌的樸素真摯。這是一種很動人的山歌。從前我聽到它時總要升起一種優美的感覺。現在我靜靜地聽著，讓自己重新沈醉在那同樣的感覺裡面。〔註261〕

〈親家與山歌〉是「故鄉四部」的最後一篇，前三部描寫了故鄉悲慘、困苦的生活，為了讓讀者看見光明，此篇特別以山歌為主題。歌聲喚起了作者對山歌的回憶，使他下文的描述詞語也就不再沈重而顯得活潑了。從山歌的出現開始，作者文筆從原本的黑暗、絕望面轉而變為光明面，這是山歌所帶來的轉折。

在這篇作品中，作者對山歌寄予了希望，這可從他對山歌的體會得知：

這是很奇怪的；山歌的平靜、熱情與憧憬的情調，和周圍的徬徨，不安而冷涼的現實，是那樣地不調和。在那裡，通過愛情的眷戀而表現著對生的熱烈愛好、和執著。你可以想像在陽光下面，一些年輕幼小的生命正在哺育、成長。在一切變換和波動中，也許它是我所能夠找到的唯一不變的東西。過去，她們也是這樣工作和唱歌來著；一樣的山坡，尾巴，和藍色洋巾。而青春的故事，便反覆被吟詠，被歌頌，今昔如此。〔註262〕

在文中，山歌是由一位女子所唱出的，她正是充滿了活力，而玉祥也是充滿活力的，他們和其他勤奮、刻苦耐勞的農民一樣，他們的生命是與大地相結合的。土地因旱災而乾裂，田園為之荒蕪，農作物枯死，一切地面上有形的生物都滅跡了，然而，埋藏在土地下的生機卻是永不斷絕的。基於這種體認，大地的兒女，乃源生出汨汨不止的生命信心，他們更以一種接近原始藝術的形式——山歌，表達了他們對於生命的謳歌。在那種以男女情愛為主、純樸而真摯，以鄉音唱出的單純曲調裡，顯現了他們對於生命的熱情。山歌對唱，正是彼此傳遞著綿延不絕的生命信息。〔註263〕

〈親家與山歌〉外，〈笠山農場〉對山歌有精彩的描寫：

這是很特別的一種山歌。它與那流行在女人間的拖尾洋巾一樣，是單獨流行於淡水河上游以北一帶的山間村落的。人們稱之為上庄調，而與下游的下庄調相對。〔註264〕

〔註261〕新版《鍾理和全集1》，頁161。
〔註262〕新版《鍾理和全集1》，頁162～163。
〔註263〕許素蘭：〈毀滅與新生〉，《台灣文藝》，54期，1977.3，頁54～62。
〔註264〕新版《鍾理和全集4》，頁50。

「上庄調」指的是「美濃調」〔註265〕,「下庄調」是下淡水溪以南的地方,所流行的曲調。而「上庄調」只能在美濃地區聽得到,是當地人最自豪,可以用來區隔其他地區客家山歌的曲調。

在〈親家與山歌〉中,作者曾表達過對山歌的看法,但在〈笠山農場〉則更進一步說明山歌的優美:

> 客家人是愛好山歌的,尤其是在年輕的兒女之間。人們到處可以聽見他們那種表現生活,愛情,和地方感情的歌謠。他們把清秀的山河,熱烈的愛情,淳樸的生活,真摯的人生,融化而為村歌俚謠,好像餐霞飲露的蟬兒一般把精純輕妙的衝動化之歌聲而歌唱出來,而為他們的山水,愛情,生活,人生的一部分。有以纏綿悱惻,有以抑揚頓挫,也有激昂慷慨,與自然合拍,調諧於山河。流在劉致平血管中的客家人的血,使他和這山歌發生共鳴,一同經過同樣的情緒之流。他愛好這種牧歌式的生活,這種淳樸的野性之美。〔註266〕

這是對山歌的讚美。作者透過男主角劉致平的感覺,將自己族群文化咀嚼回味後的自信與欣賞透露出來,筆觸婉轉,辭氣舒緩,文句像詩像畫,亦像輕柔的樂曲〔註267〕。在鍾理和的眼中,山歌是開放性、自由性很強的歌唱形式,能和自然山水相結合,富於原始的野性美,在他筆下,山歌成為代表客家勞動群眾心靈生活的全部。

鍾理和的年代,山歌到處可聽到,因此對山歌的描述特別有感情,在〈笠山農場〉中還自己創作歌詞,可見他對山歌的喜好。不過到了鍾鐵民的時代,山歌僅剩老一輩的人會唱,年輕人已拋棄這個傳統藝術,故作者在〈月光山下‧美濃〉中,寫出他的感嘆:

> 可惜有好長一段時間,新教育的觀念使美濃青年拋棄了這個傳統的精神,認為山歌粗俗、不登大雅,結果只剩得一些六十歲上下的老人們,在農閒時的夜裏,三三五五的,或聚在菸樓的下舍涼棚底下,

---

〔註265〕根據謝宜文、吳榮順:《客家山歌》調查,美濃調的曲目,共有九種,分別為:〈大門聲〉、〈新民庄調〉、〈大埔調〉、〈半山謠〉、〈美濃小調〉、〈送郎〉、〈十想挑柴歌〉、〈搖兒歌〉、〈哥去採茶〉。高雄縣立文化中心,1999 年 8 月,頁32。

〔註266〕新版《鍾理和全集4》,頁50～51。

〔註267〕見胡紅波:〈南北二鍾與山歌〉,《民間文學與作家文學研討會論文集》,1999年 11 月,頁 181。

　　　或在村頭村尾伯公壇前，一把胡琴拉開，於是各調古老蒼涼的山歌
　　　便流轉在夜空之中。〔註268〕

國語政策的影響下，美濃青年認為母語是粗俗的語言，山歌不登大雅，無人
再唱山歌，僅有六十歲上下的老人，幾個聚在涼棚下、伯公壇前，拉著胡琴
唱山歌，山歌的未來如同歌聲一般滄桑。

　　鍾鐵民對山歌的記憶，是小時候留下的：

　　　鄰舍炳金叔山歌唱得最好，在那沒有電視和電唱機的年代，夏天晚
　　　飯後我們總要在庭院桂花樹底下乘涼休息。當他的山歌從山坡下面
　　　稻田間響起來，我們就知道他又在巡視田水了。他的歌聲清亮悠揚，
　　　兩邊群山都會回音應和。父親和我總會相視而笑，我們都愛聽他唱
　　　山歌，雖然我不懂什麼阿哥阿妹的，但那種情調氣氛，哀怨中含有
　　　思慕的旋律總使人感受到陶然的美和震撼。〔註269〕

鄰居炳金叔的歌聲是附近有名的，鍾鐵民與父親都愛聽他唱歌。那個年代沒
有電視和電唱機，聽山歌是最大的享受，尤其炳金叔的歌喉清亮悠揚，令人
印象深刻。

　　不過時代進步，農耕方式已經改變，現代人工作時也不再唱山歌，鍾鐵
民不禁感嘆山歌的時代已經過去：

　　　可惜農耕生活中類似勞動歌的山歌已經從客家生活中消失了，農耕
　　　方式已經改變，生活中我們獲得許多過去沒有的方便與舒適，但也
　　　失去許多原有的文化和特色，山歌就是其中的一樣。〔註270〕

生活物質改善，現代人獲得許多過去沒有的方便與舒適，但相同的也失去許
多，失去了自己族群的文化與特色，山歌是客家文化的代表，不再唱山歌，
代表客家文化的沒落。現在取代山歌，成為山區娛樂的竟是「卡拉OK」，唱
歌者拿著麥克風嘶吼，全無美感，在青山中，還是以山歌最適合，而非那「卡
拉OK」的俗音樂。

　　吳錦發對山歌的消失亦發出感慨：

　　　記得我唸小學的時候，還常在上下學途中，聽到鄉親們在菸田中「拼
　　　山歌」的情景，但自從電視媒體進入家鄉之後，唱山歌的人就漸少

<hr>

〔註268〕《鍾鐵民全集6》，頁316。
〔註269〕《鍾鐵民全集5‧蛇的故事》，頁59。
〔註270〕《鍾鐵民全集5‧山頂上的歌聲》，頁337。

了。也許唱歌的人,自卑地以為「山歌」對比於電視上播出的國語
流行歌謠是「粗俗」的東西吧。〔註271〕

電視媒體進入美濃,對傳統文化的影響最大,大家休息時就看電視,而不是
聚在一起唱山歌,聽著電視裡的國語流行歌,竟覺得山歌是粗俗的,對山歌
更是鄙視。於是,過去山區「拼山歌」的情景,只能成為回憶。

二、看戲

美濃以農業為主,居民勤於農務,且困於經濟能力不足,難得有大型的休
閒娛樂,因此,宗教祭典與二月戲就成為農村重要大事。美濃作家中,以鍾鐵
民最愛看戲,故這部分探討以他的作品為主,兼及吳錦發的作品。相關作品有
〈酒仙〉、〈王爺壇的皮影戲〉、〈看戲的日子〉與〈迷路〉。首先是〈酒仙〉:

> 每年農曆一月十五,我們村裏許「新年福」,照例要做幾台皮影戲還
> 有舞獅迎龍等,非常熱鬧,到時鄰近村莊很多人都聚到我們村上來。
> 〔註272〕

立春後,通常於農曆一月十五日,庄民為祈求上蒼保佑整年平安、五穀豐登,
邀集庄內所有土地公一起祭拜,名為「新年福」,竹頭角庄以廣興三山國王廟
為首,奉請境內的土地公入座〔註273〕。除了祭典外,最引人的是搭棚演戲,
因經費問題,大多只能請皮影戲,因只要一個皮箱,即可表演,省下演員與
舞臺費用。每次都能吸引附近民眾前往看戲,此為農村難得的休閒娛樂。

在沒有電視的年代,看傳統戲曲是庄民最大的享受,因此只要有名目,
就會想辦法辦一場來娛樂大眾,還可彰顯自己的財力,如〈王爺壇的皮影戲〉
就是如此:

> 我記得很清楚,每年元宵節及二月二十五日王爺誕辰,準定各演三
> 天皮影戲,有時某人生日也演一兩臺,甚至小偷被捉到,和解後也
> 要罰演一兩台戲。〔註274〕

生日要請皮影戲班來祝壽,連小偷被逮捕,也要罰演皮影戲,可見村民對皮
影戲的著迷。作者分析原因為:

〔註271〕吳錦發:《生命 Hiking・笠山腳下唱山歌》,頁 39。
〔註272〕《鍾鐵民全集4》,頁 35。
〔註273〕張二文:〈美濃土地伯公信仰之研究〉,頁 108、109。
〔註274〕《鍾鐵民全集6》,頁 101。

> 由於三面環山，平原狹小，在過去，村人的生活都很苦，他們沒有
> 跟廣大的世界接觸，也不關心世事，平常日出而作日入而息，看看
> 皮影戲，在他們就是最好的娛樂了。〔註275〕

因美濃地處偏遠，交通不便，村民很少與外界接觸，且生活較苦，每天忙於
工作，難有空閒時間享受休閒娛樂，只能在廟會慶典時，看看皮影戲放鬆一
下，因此，只要有戲班子到村裡，必定大受歡迎。

　　然而隨著時代進步，村民娛樂方式已慢慢改變，傳統戲劇不再吸引村民
與小孩：

> 王爺壇還是老樣子，戲臺也在老地方，只是食物攤子少了。過去擠
> 滿了老老少少的廣場中，橫擺著幾條長板凳，幾個念舊的老頭子在
> 靜靜的看戲，戲文還是《封神榜》，《申公豹鬥姜子牙》。此外就是十
> 幾個小孩子，在廣場中點綴。我突然覺得寂寞起來了。〔註276〕

王爺壇與戲臺都沒變，過去人擠人，熱鬧非常的景象，現在變冷清了，人們
有了新的娛樂，對於一成不變的戲文已厭倦，毫無新意吸引不了追求新事物
的孩子，這種現象讓作者感到寂寞。回家的路上，更感受此種變化：

> 我跟同事沿街回去，一路上可以看到很多電視機，在播映《朱洪武
> 與劉伯溫》連續劇，每部電視機前都擁有不少人。我知道故鄉已經
> 進步，誰能再說這是一個閉塞的地方？〔註277〕

電視機進入農村，連續劇取代了傳統舞臺戲，大家寧願守在電視前看節目，
也不想去看戲，美濃不再封閉，由此更能發現家鄉已跟上時代腳步改變了。
鍾鐵民另一篇〈看戲的日子〉則描述幼年時看戲的經驗。

　　忙碌的美濃人，連過年都只休息兩天，初三即開始正常作息，要等到元宵
節「新年福」慶典時，才有娛樂活動，尤其又是晚上，大人也有時間可以看戲，
因此整個農村都熱鬧起來。為了讓父母同意作者去看戲，白天會乖乖地將父母
派的工作做完，傍晚就能如願到王爺壇看戲了，最常看的就是皮影戲：

> 皮猴的戲鑼鼓讓我振奮沈醉，激烈的戰鬥和生動有趣的口白令人激
> 動狂喜，故事情節更是從頭到尾扣緊了我的心弦讓我忘我入迷。戲
> 是從八點晚飯後開演的，到十一點休息吃點心，再加半個小時就收
> 台了。戒嚴時，活動不准超過午夜。有時收台後地方父老請求再加

〔註275〕《鍾鐵民全集6》，頁101。
〔註276〕《鍾鐵民全集6》，頁103。
〔註277〕《鍾鐵民全集6》，頁103。

> 半小時「小說」，那是兒童不宜的戲文，通常孩子們總是被驅走，一
> 方面夜已深沉，再就是這類故事不對我們孩子的胃口。〔註278〕

看皮影戲是作者難忘的童年記憶，即使每次戲文大同小異，但對孩子來說，
吸引力卻是無法抗拒的，鑼鼓、戰鬥與有趣的口白，令作者入迷，雖然王爺
壇周圍有許多攤販，竟無法引起他的興趣，可見對於故事情節是非常著迷的。
此文還寫出了戒嚴時代要看戲需要警察機關同意，不能隨意表演，因此能看
到一場戲，是極其難得的，也怪不得會讓全村的人興奮。另外，在正規表演
後，尚有限制級說書，那是大人的戲文，孩子被禁止觀看，不過也無礙作者
愉悅的心情。

〈看戲的日子〉一文還介紹了美濃重要祭典「二月祭」，而皮影戲正是「二
月祭」之後的重要活動。每年農曆二月，瀰濃庄民會在美濃河畔舉行「二月
祭」，是美濃信仰民俗中重要的祭儀。在祭典後會請戲班演戲酬神，稱「二月
戲」〔註279〕，在傳統農業時代，向例都安排在美濃溪河床上舉行，表面上是
祈求伯公能夠「護佑兩岸無災」，實際上是祈求冤死在河中的無祀男女孤魂，
來年不要再奪走人命〔註280〕。「二月戲」具有對河水的倚重與敬畏之意，不過
在作家眼裡，它卻是農村少有的娛樂活動。

> 每年也只有元宵和神誕兩次，王爺壇依例請戲。演歌仔戲是全鎮性
> 活動時才有的。每年二月在大河床上酬神並大宴賓客，我們稱作二
> 月戲。平常時不可能演「大戲」，而布袋戲早年在客家莊不流行，所
> 以皮猴戲就是唯一的選擇了。以前有皮猴戲班能用客家話演出，而
> 且唱北管，這是大家比較習慣的曲調。不過最主要的理由則是皮猴
> 戲演出費最便宜，是農村經濟能力能負擔起來的。〔註281〕

皮影戲流行於南部，為了迎合客庄居民，發展出以客語演出，加上傳統的北
管〔註282〕音樂，居民接受度更高，此外，演出費用便宜是最大原因。以最少

〔註278〕《鍾鐵民全集6》，頁112。
〔註279〕張二文：〈美濃土地伯公信仰之研究〉，頁120。
〔註280〕引自黃森松：《今日美濃》，第293期，2011.4，頁37。
〔註281〕《鍾鐵民全集6》，頁114。
〔註282〕北管大約從十八世紀，由移民從福建帶來臺灣，是在臺灣漢族社會中最常聽
　　　　到的音樂之一；它具有多重社會功能，在許多活動與空間都可聽到北管，例
　　　　如宗教儀式、廟會、踩街陣頭、節慶、婚喪喜慶、各類戲曲（歌子戲、布袋
　　　　戲與傀儡戲等）的後場伴奏，以熱鬧通俗為其特色，見李婧慧：〈北管簡介〉，
　　　　http://trd-music.tnua.edu.tw/ch/intro/d.html。

費用享受廟會的熱鬧氣氛，成了農村居民的最大娛樂。然而與〈王爺壇的皮影戲〉相同，皮影戲走向黃昏，作者十分感嘆：

> 隨著年齡增長，到王爺壇住外婆家看皮猴的機會越來越少。等學成返鄉，農村生活形態也已經全變，人們工作量減少、收入增多，可以娛樂的事物又多，王爺壇已經很難見到皮猴戲演出了。不過每年正月經過王爺壇前，我總是十分懷念當年看戲的甜蜜的日子。
>
> 〔註283〕

當農村經濟改善，人們不再賣命工作，較有時間享受休閒，可以選擇的娛樂太多，電視媒體打敗了皮影戲，成了鄉民重要的娛樂。觀眾流失，表演技術逐漸失傳，皮影戲幾乎於農村絕跡。最後，只留在作者腦海，成為一種回憶。

〈王爺壇的皮影戲〉與〈看戲的日子〉主題都以皮影戲為主，但兩者描述方式不同，前篇著重在對場景的描寫，美濃的地理位置與村民生活習慣等因素，導致少有娛樂活動；在表演場地王爺壇，有各式各樣的小吃攤，大人小孩都愛來看戲。後篇則著重在自己對皮影戲的記憶，描述童年看戲的經驗與著迷的程度，精彩的表演內容，令人難忘的武打場面，深刻地烙印在作者心中。兩文相同點，皆在文後寫到電視的興起與皮影戲的沒落，說明了時代進步與物換星移的感慨。

最後，是吳錦發的〈迷路〉，同樣都是廟會活動，但與鍾鐵民不同，是五穀廟的廟會：

> 有一次，父親騎著摩托車載他到五公里外的莊子看廟會，那個村莊因為五穀神廟建醮，全鎮各莊頭的人都湧到廟裡看戲，寬廣的廟前廣場搭了好幾個戲臺，有演布袋戲的、皮影戲的，還有一班客家大戲。〔註284〕

文中的五穀神廟為中壇輔天五穀宮，在美濃是重要廟宇，因此舉辦建醮活動，都能吸引附近村莊居民看熱鬧，當中最引人注目的仍是看戲，這裡的規模與新年福不同，不僅有皮影戲，還有布袋戲與客家大戲，屬於全庄的盛大活動。作者由父親帶去看戲，結果因太入戲而與父親走散，迷路了，幸好靠著認金字面山，自行走回家，結束一場驚魂記。廟會雖然熱鬧，但留在他記憶裡的，竟是迷路的恐怖經驗。

〔註283〕《鍾鐵民全集6》，頁114。
〔註284〕吳錦發：《流沙之坑》，頁89。

　　因此，透過文學的筆，將美濃人的娛樂生活記錄下來，雖然描寫方式不同，感受亦不同，但同樣保存了常民生活的面貌。

三、電影

　　除了看戲外，民國四十幾年為美濃戲院生意最高潮的年代，〔註285〕進戲院看電影，成為一種高級娛樂享受。美濃作家以鍾理和〈雨〉最早寫到電影，小說寫於一九六〇年，當時農村經濟已改善，上戲院看電影成了年輕男女最好的約會場所。在〈雨〉中，電影在雲英、火生與振剛三人之間扮演重要角色，影響了女主角雲英的結局。首先是追求者振剛，為了親近雲英而討好她母親：

　　　　「今天老戲院有好片子。」他說，「我請大家看場電影。雲英，剛才
　　　　我到店裡去，他們說妳回來了。」

　　　　雲英低頭微笑不答。

　　　　「是外國片子吧？」進德的女人眯著眼睛說道，「我看不懂呢，我倒
　　　　喜歡看臺灣片子。」

　　　　「上面有中文字幕，我會講給妳聽的，」他用一種祈求的懇切的眼
　　　　光看雲英：「晚上妳沒有事吧？」〔註286〕

請看電影是約女孩很好的方式，能討女生芳心，又能取悅對方家長，振剛很懂得運用此種手段，他到雲英家都是來約大家看電影的。而文中寫到的「老戲院」應指美濃第一家戲院「美濃戲院」，設立於一九四七年，電影以日片或洋片居多，故雲英母親才能確定是外國片子，這不投她的喜好，且雲英本來就對他無意，故此次邀約失敗。

　　拒絕振剛邀約後，雲英趁機出去與火生約會，湊巧他也提議去看電影，雲英怕遇到振剛而否決：

　　　　「我們看電影去吧。」火生說，「今天有好片子。」

　　　　「不！不！」

　　　　雲英說得很急，好像和人爭辯似的。火生詫異地看著她，顯得有些
　　　　迷惘。

　　　　「裡面太熱。」雲英裝做若無其事地加以解釋。「我們外面隨便走走。」

〔註285〕見《美濃鎮誌》，頁568。
〔註286〕新版《鍾理和全集3》，頁233。

　　在馬路上，他們碰見兩個洋裁店的少女。她們正要去看電影。〔註287〕
雲英反對，理由是戲院太熱，這有點牽強，不過火生並沒有再細問，畢竟雲
英高興就好。路上還遇到她裁縫店的同事，她們正要去戲院，由此可知，看
電影是當時年輕人流行的娛樂活動。

　　隔沒多久，雲英又要去看電影，不過卻被母親阻擋：

　　　　雲英收拾好碗筷，解下圍裙，正想出去時，她的母親把她叫住了。

　　　　「妳又要出去啦？」

　　　　「店裡的朋友約我晚上看電影。」雲英說。

　　　　「妳總是看電影，」母親沈下臉，「女孩兒家，時時都在街上遛，也
　　　　不怕人家笑話。」〔註288〕

雲英藉口和店裡朋友去，但其實是與火生約好，她母親認為女孩子一天到晚
往外跑，會影響她的名譽，反對她出去。由此處可知，看電影在年輕人間很
平常，但老一輩的想法保守，無法接受少女老往電影院跑，產生新舊觀念的
衝突。

　　經過上次的失敗經驗，振剛再次來邀約：

　　　　陳振剛又來邀雲英看電影，他說是臺灣片子，這使母親很高興，馬
　　　　上接受了年輕人的邀請，雲英本想拒絕，但是因為上次已拒絕過人
　　　　家一次，這次再拒絕，未免太使人難堪，因而覺得十分為難。〔註289〕

此次剛好放映臺灣電影，投她母親之好，可見振剛不是隨便來約，他懂得長
輩的心理，果然這次成功了，只要雲英母親接受邀請，雲英自然無法推託。
但心不甘情不願的雲英，在戲院卻坐如針氈：

　　　　在平常，一場電影的時間她總覺得很短，好像剛剛坐穩，電影便完
　　　　了，但這晚她卻覺得片子長得令人生厭，一段接著一段的演下去，
　　　　演下去，沒完沒了。不知挨了多少時間，頭頂上的電燈才亮了，她
　　　　吐出一口氣。〔註290〕

跟情人看電影，才能享受電影的氣氛，這次卻是跟不喜歡的人看，放著情人
在冰果室苦等，心裡當然很不安，她的心思全在情人身上，電影視若無睹，

〔註287〕新版《鍾理和全集3》，頁234～235。
〔註288〕新版《鍾理和全集3》，頁240。
〔註289〕新版《鍾理和全集3》，頁254。
〔註290〕新版《鍾理和全集3》，頁255。

只希望影片趕快播完，這種煎熬直到頭頂亮燈才解除，她趕緊逃離戲院，去找情人解釋為何她遲到。

至於她與情人火生一起看電影時，則是另一種情況：

> 當電影演完，頭頂上的電燈開亮時，雲英仍舊如醉如癡地坐在那裡，
> 忘記站起來。〔註291〕

兩人肩並肩看愛情片，那是非常甜蜜的時光，當影片結束時，雲英仍沈醉於情節中，那是一部唯美愛情片，劇情深深感動著兩人，兩人都因影片而渾身燥熱，彷彿他們就是男女主角，直到出了戲院，情緒依然高漲。然而，這部電影卻成為他們最後甜蜜的回憶，小說劇情從此轉折，兩人的愛情受到阻礙與幻滅，原因之一是他們約會之事，被振剛發現，因電影院為年輕男女愛去的地方，遇見振剛是無可避免的，平常雲英都很小心避開，今天卻因沈溺於劇情中，疏忽防範，讓振剛發現她與火生約會，還一起看電影，那是感情已經很親密後，才會有的約會地點。

為了打倒情敵，振剛更加緊腳步，直接請媒人向雲英求婚，他的家世背景比火生好太多，又懂得討好雲英母親，她母親很中意讓他當女婿，不過雲英卻不肯，她是很有主見的女孩，面對不喜歡的男孩，一口否決，甚至絕食抗議。求婚失敗後，振剛仍不放棄希望，再度上門邀請看電影，同樣挑雲英母親喜歡的國片：

> 振剛說新戲院今晚上演「英台拜墓」，這是臺語片中比較好的片子，
> 各處賣座極佳，母親聽了頭一個贊成去看電影。雲英順從他們的意
> 思，說看就看，既不贊成，也不反對。她已想得非常透徹，不管他
> 們用什麼方法，她就是一個「不！」不過她暫時不希望和母親鬧翻，
> 能敷衍時盡量敷衍，委屈求全。〔註292〕

此處的「新戲院」為一九五四年成立的「美都戲院」，「英台拜墓」是一九五八年上映的國片，作者巧用電影說明雲英與火生的處境，正如梁山伯與祝英台一樣，兩人戀情遭到家人反對，被迫拆散，已預告了兩人最後的結局。雲英在激烈抗議後，她敷衍母親，不想與母親決裂，但她下定決心堅持自己的意見，絕不妥協。雖然她有如此決心，但與振剛一起去看電影，還是造成無可挽回的結局：

〔註291〕新版《鍾理和全集3》，頁262～263。
〔註292〕新版《鍾理和全集3》，頁282。

> 電影散場時，他們走在最後頭，當他們來到大街上時，假使雲英留
> 心點右手邊的亭仔腳，她便會發現有一個人忽然躲進陰影下，留在
> 那裡一直注視著他們的行動。直到他們走得看不見了，這個人才走
> 出來，面色蒼白，像醉漢似的跟跟蹌蹌地走開。〔註293〕

火生一直很在意雲英父母對他的看法，他知道她父母不會讓兩人結婚，沒想到卻看到雲英與振剛一起去看電影，因看電影是約會的場所，故直覺反映是雲英要嫁給振剛，這個想法令他感到非常絕望，對雲英的態度變得尖酸刻薄，然而他並不知道雲英真正的想法，他不肯接受雲英的解釋，雲英感到非常傷心：

> 我陪他看電影，也是不得已的；也不是我一個人陪他，還有我媽。
> 你不必為這點事吃醋。為了我們的事情著想，有時我不能不應酬人
> 家，你不明白我的苦心，只有一味使性，你這樣逼我，我就答應他，
> 你又有什麼辦法？〔註294〕

原想尋求情人慰藉的雲英，遭到無情的對待，使她無助地吶喊，看個電影竟能讓火生吃醋，那並不是她的本意，她有好多計畫想與火生討論，卻硬生生被潑冷水，火生該是瞭解她的，怎能如此狠心，令她心灰意冷。誤會尚未解除，雲英的父親找上火生，直接說明反對兩人交往，致使火生決然離開小鎮，而雲英所有的希望破滅後，走上了絕路。如同「英台拜墓」，兩人終究陰陽兩隔，成了傳統社會的犧牲者。

　　鍾理和在雲英與火生的戀情中，很巧妙地運用電影，製造劇情的高低起伏。可見電影在當時蔚為風潮，對年輕男女來說，更是重要的社交場所。

　　除了〈雨〉外，鍾鐵民〈夏日〉亦以戲院為約會場所：

> 「他昨天來跟媽說的，他說片子很好，要請我們大家去看，媽說不
> 去，要他接阿德阿蘭和我去。」她十分委屈地呶長了嘴巴，眼睛紅
> 紅地，看樣子隨時都會哭起來：「人家本來不去，媽硬要叫人家去！」
> 〔註295〕

十七歲的珠妹向父親報備看電影，當父親語氣質疑時，馬上顯露可憐模樣，並不是她想去，而是母親逼她去的，要她去與劉順全一起看電影，希望兩人

〔註293〕 新版《鍾理和全集3》，頁282～283。
〔註294〕 新版《鍾理和全集3》，頁287。
〔註295〕 《鍾鐵民全集1》，頁53～54。

能發展出感情。但珠妹害羞，覺得這樣太快了，她連對方都還不認識，對於是否要赴約感到猶豫。劉順全與陳振剛作法相似，皆先邀請女方母親，由母親施壓女兒，來達到目的。不過珠妹的父親，可就不吃這一套：

> 請看電影，從前的人是不作興這一套的。他記得他到處跟著她，遠遠地，偷偷地，然後他找潤德嫂，這才是正經的路。〔註296〕

做父親的想起昔日想追女朋友，最重要的是要找媒人去說親；而時下年輕人，卻是想藉看電影談戀愛，他覺得不太正經，但也不反對。接著，突然想起自己與妻子從未看過電影，不如藉機一同前去：

> 「我要請妳看電影。」他說：「我們從來沒有在一起看過電影不是？快準備，今天晚上就去。」
>
> 「別土啦！跟著女兒幹嗎？人家不會把她吃掉，你別讓人家笑死啦！」
>
> 「他們看他們的，我們看我們的，我們誰也不管誰。」他說：「庄子裡不是有兩家戲院嗎？」〔註297〕

面對丈夫突然的邀約，做妻子的直覺是要去監視女兒，然而，丈夫卻說要去另一家戲院，不會去監視。他也想跟上潮流，看個電影，享受一下。〈夏日〉寫於一九六四年，文中提到的兩家戲院，是指「美濃戲院」與「美都戲院」，這段時間是美濃電影最興盛的時期，連老一輩的人，都忍不住進戲院看場電影，可見電影的魅力有多大。

最後，鍾鐵民〈雨後〉有一段寫到當時看電影的情形：

> 「第二場電影散場了。喂！英男，我們差不多可以走了吧！」高個子林說著，兩個人都站起身來。
>
> 廣場短牆外面街道上，人群從電影院出來後，正三三兩兩的走了過去。淡淡的月兒高懸頭頂，夜深了。〔註298〕

在戲院生意興隆時，美都戲院下午晚上各有兩場電影，文中提到的第二場電影是當天最後一場，散場時刻已經很晚，不過仍有人去看，顯見農村的生活形態慢慢在轉變，夜生活逐漸展開，不再是日落而息了，人們開始享受夜晚的休閒，電影院、鎮公所前的宵夜攤子，應運而生，生意非常好。

〔註296〕《鍾鐵民全集1》，頁54。
〔註297〕《鍾鐵民全集1》，頁55。
〔註298〕《鍾鐵民全集2》，頁79。

四、遊戲

　　除了成人的休閒娛樂外，孩子也有他們的遊戲，早期農村經濟不好，根本沒有多餘的錢買玩具給孩子，不過，孩子仍有自己的娛樂活動，首先是比較高級的玩具「彈珠」，鍾鐵民〈阿祺的半日〉中，有一段描寫孩子們玩彈珠的場面：

> 「我們在玩玻璃球，進洞兒。」那大個子說：「不過我討厭都市人，
>
> 我想修理他，撕掉他那鬼衣服。」〔註299〕

「彈珠下山」是農村男孩子最常玩的遊戲，只要在平整泥地上挖出五個十元硬幣大小的洞，即可玩此遊戲，一般規矩為贏者拿走輸者的彈珠，不過有些會有其他處罰，如彈耳朵，參賽者同意即可。主角阿祺及其伙伴阿魯仔加入遊戲，這群孩子原本想好好教訓阿祺他們，沒想到輕敵的結果，當然是大輸：

> 他們也不知道玩了多久，結果那些孩子的玻璃球全被他們倆贏過來
>
> 了。阿祺兩個褲袋都裝得滿滿，重甸甸地，但是他毫不在乎，他樂
>
> 昏了。〔註300〕

阿魯仔技術高超，把這群小孩的彈珠全部贏過來，讓原本對都市小孩抱有敵意的孩子，不得不佩服他們。一開始彈珠是阿祺用錢買來的，故贏得的彈珠全歸阿祺，但當阿祺發現阿魯仔以羨慕的眼神看他時，當下決定將彈珠全送給阿魯仔，令阿魯仔感動萬分，馬上以尊敬的態度對待阿祺，兩人的友誼更加穩固，這場彈珠比賽是故事的轉折點。

　　男孩子玩彈珠，女孩則玩較文靜的遊戲，比較特別的是中秋節玩「關掃把神」：

> 菊姊知道好多好多的事情，她的家在外面鎮子裡的大街上，許多有
>
> 趣的事我連想都想不到。田坎裡土洞裡會吸人手指的小黃鱔啦，賣
>
> 藥的雜耍班子表演「宰人種瓜」的把戲啦，還有八月十五日孩子們
>
> 「關掃把神」啦等等，真教我這山寮下人聽呆了。而且她又能唱歌
>
> 唸童謠，她的聲音和神情又那麼吸引人，我一下課回來就要跑到屋
>
> 後山坪頂上找她，跟她在一起多快活呀！〔註301〕

菊姊知道的休閒娛樂很多，其中「關掃把神」為一已失傳的民俗宗教儀式，

〔註299〕 《鍾鐵民全集1》，頁369。

〔註300〕 《鍾鐵民全集1》，頁370。

〔註301〕 《鍾鐵民全集4‧故事》，頁108。

通常在深夜裡，用清潔未曾用過的新掃把，借助較為有靈異體質的人，來關掃把神。類似現在的碟仙，女孩子對於這類遊戲較有興趣。另一篇〈看月華〉同樣寫到「關掃把神」，還有另一個相似遊戲「關豬欄伯母」：

> 晚飯後家家戶戶老老小小都聚集在自家三合院的禾埕上；大一點的孩子則成群結黨遊蕩到廟前廣場作遊戲；少女們躲著大人，關起「豬欄伯母」或「掃把神」。〔註302〕

兩篇同樣寫出八月十五才能玩這兩種遊戲，因這兩種遊戲平常為禁忌，而中秋節大家盡興過節，對於禁忌遊戲也就不禁止，大家開心最重要。

最後，則是刺激的團體遊戲「打山羊」：

> 打山羊是一種緊張刺激的遊戲，畫一個大圓圈讓羊群躲在裡面，當野狼的在圈外，捉羊的時候至少要有一隻手在圈外，可以把身體伸進圈內去，用腳勾，勾到誰就算出局。外婆家孩子特別多，光表兄妹就十幾個，像阿基阿鳳都身手敏捷，輪到他們當狼的時候，只見他們在圈外繞著急跑，圈內人群躲在最遠處跟著轉，一面驚懼大叫，連成人都興致盎然的叫喊助陣。這些都是日常生活中一部分。
>
> 〔註303〕

打山羊人多才好玩，且只需在地上畫一個大圈，就能讓孩子玩得既緊張又刺激，大人在旁看也會受其感染，跟著吆喝，經濟又好玩，是農村大家族中，常玩的遊戲。

早期農村經濟差，孩子們沒有能力買玩具，就地取材如打彈弓，與團體遊戲如打山羊，最奢侈的算是彈珠，那需要用錢購買，若沒能力買，只能靠實力從同伴手中贏過來，這些就是他們最常玩的娛樂活動了。

第八節　保鄉衛土反水庫運動

本文以討論反水庫運動為「在地書寫」的最後小節，由前面所探討的美濃農業與聚落文化可知，美濃近年來面臨了開庄以來重大的危機，農業凋零，農產品無法改善家庭經濟，務農的父母希望孩子往都市發展，別留在鄉下繼承家業，繼續被泥土騙一生，不管是稻米、菸葉或是其他副業，皆面臨人力不足或停種的現實問題。青年一個個出走，美濃引以為傲的客家文化同樣產

〔註302〕《鍾鐵民全集5》，頁214。
〔註303〕《鍾鐵民全集6‧三合院的歲月》，106～107頁。

生危機，人口老化，菸樓一座座倒塌，夥房不是任其倒塌，就是改建爲現代建築。在強勢國語政策的教育下，孩子不再說客語，且對自己的文化鄙視，認爲那是粗俗的文化，不願傳承自己族群的記憶。土地被投機客炒作，世世代代與土地爲伍的農民，在炒作厚利的誘惑下，離開原來的土地與勞動文化，雖得到大筆資金，卻成爲無產者，土地成爲商品，不再生產作物。在各種因素影響下，美濃已失去過去的經濟優勢，令當地民眾相當憂心。

在此時，美濃水庫興建案不斷有風聲傳來，對於未來看不到光亮的美濃人而言，這是一個好機會，水庫有龐大的補償回饋金，他們希望能讓小鎮有更多建設，讓美濃能谷底翻身。然而，水庫背後的巨大威脅被揭露時，他們改變原本贊成的意見，傾全力反對水庫興建，最後以小鎮敵國之姿，獲得勝利。美濃現代文學作家在這場抗爭運動中，全程參與，如鍾鐵民、吳錦發、鍾永豐、鍾鐵鈞、林生祥等，筆者將探討他們如何以文章喚醒民眾的自覺，並以文學記錄這場重要社會運動。先分析從贊成到反對的轉折，再分析從地方到中央全面爲生存而戰，希望藉由本文的討論，探討美濃作家以何種策略，參與反水庫運動，從文學的角度看美濃反水庫運動。

一、良藥乎？毒藥乎？

美濃水庫計畫由來已久，早在日據時代，日本政府即已有過在美濃興建水庫的提議，然經過勘查後發現，當地土壤過於鬆軟，有斷層經過，且距離聚落太近，故而作罷。一九八〇年代，政府希望能進一步開發南部的水資源，開始積極規劃美濃水庫興建計畫。一九八七年委託中興工程顧問社辦理可行性規劃，一九九〇年交由行政院環保署進行環境影響評估作業，一九九二年交由行政院核定，隨即組成美濃水庫工程興建籌備處，開始推動工作。〔註304〕

美濃民眾對於興建水庫並不是一開始就反對，八〇年代初期，美濃有兩大希望和理想：一爲爭取設立大學，提升教育文化水準；其次爲爭取興建美濃水庫，帶動地方發展。〔註305〕地方人士希望能藉由水庫的興建，挽救衰敗的

〔註304〕 林福岳：〈族群認同下的社區傳播——以美濃反水庫運動論述爲研究脈絡〉，國立政治大學新聞學系博士論文，2002.7，頁88～90。

〔註305〕 張高傑：〈美濃反水庫運動中的技術政治〉，清華大學社會學研究所碩士論文，2000.7，頁20。

美濃，將水庫視作振興美濃的良藥，直至發現水庫的威脅後，才從贊成轉爲反對。對於早期居民的態度，以鍾鐵民〈家園〉爲代表，〈家園〉從一九九八年開始動筆，至二〇〇三年停筆，並未完成，從已發表的前七章內容來看，相當眞實地反映出當時的民情。

作者以「瀰力」代稱美濃，塑造瀰力鄉對居民的重要性，爲遊子心靈的故鄉，只要回到瀰力，可忘記在外工作的各種辛苦，讓人感到輕鬆自在。主角涂嘉興從都市回到家鄉，首先映入眼簾的是瀰力山系，連綿不斷的山丘，象徵居民對故鄉無法分割的情感。故事以過去與現代互相對比，訴說瀰力的變化，從交通不便到公路發達，從經濟困頓到生活改善。雖然物質生活提升，但精神層面卻無隨之提升，族群文化在強勢教育中逐漸消失，語言的消失最嚴重，故涂嘉興要求子女一定要講客家話，透露出作者對於文化傳承的堅持。文中對於傳統的客家夥房、飲食習慣、生活態度多所描寫，凸顯此地仍保有濃厚的客家文化，是客家重鎮，而如此完整的文化，則需要政府與居民來保護與延續。鍾鐵民以不少篇幅鋪敍瀰力的文化特色，主要是喚醒居民對此地的集體記憶，以族群生存爲號召，來與政府對抗。

要與政府對抗，必須先心理建設，否則以農民的性格而言，他們只重視田裡作物收成的好壞，對於公共事務莫不關心。當政府以重大建設來宣傳瀰力水庫時，居民對於水庫一知半解，爲了改善家鄉的經濟建設，反而很歡迎興建案：

> 「瀰力水庫啊，聽說馬上就會動工啦。說是亞洲最高的水壩，當然就是全台灣第一啦！最大的水庫！」火鉗語下帶有一點誇張，還有一點自豪：「就在我們瀰力鄉耶！」〔註306〕

從這段話可知，居民對於水庫的興建多表贊同，面對如此龐然大物，竟引以爲傲，「亞洲最高的水壩」、「台灣第一」的巨型水庫能選擇在瀰力興建，是地方的驕傲，完全不知此水庫的威脅所在。而政府對於水資源的政策，則是以興建水庫爲主，不願花經費來整治河川：

> 現代化生活中，水是最不能缺少的資源，水利單位從北到南興建了無數水庫，極盡一切可能的企圖滿足民生和工業製造的無限需求。政府官員更把興建水庫提供水資源當作重要政績，也是地方政府爭取經費最重要的建設項目。所以瀰力水庫案備受重視，規劃方案在

〔註306〕《鍾鐵民全集4》，頁426。

> 進行的同時還有其他縣市的政治人物出頭爭取，有好幾個替代的水
>
> 庫被提出來評估，謠言滿天飛。〔註307〕

興建水庫可以馬上看到政績，且有大筆經費補助地方，比起其他替代方案，
更受政治人物歡迎。然而瀰力水庫的規劃，一直處於黑箱作業，人民對水庫
是否要興建，一無所知，各種謠言滿天飛，擔心被別的縣市搶走，又擔心可
能被替代方案取代而不興建，不確定的氛圍充滿瀰力小鎮。

　　居民贊成水庫，是因為對水庫的認知，只停留在埤頭印象：

> 水庫，在鄉民的認知裡不過是在瀰力溪上游峽谷中興建一條攔水
>
> 壩，製造一個比瀰力湖更大的儲水埤頭，可以供應更多地區飲用灌
>
> 溉，如此而已。所以基本上雖有些許疑慮，但普遍不反對。〔註308〕

由本文第三章可知，客家人擅長開埤做圳，以灌溉田地，故埤塘是他們最熟
悉的水利建設，水庫在他們的想像中，只是比瀰力湖還大的埤塘，沒什麼了
不起的，以此種規模來看，即使有疑慮，也不會反對。

　　而居民贊成水庫的最大主因，是有鉅額的回饋與補償金，這些經費對於
農村來說，是相當誘人的：

> 「到底怎般，我也不清楚。不過，聽廣播的講法，相當反對呢！」
>
> 火鉗搔搔頭皮語帶困惑的說：「應該是好事情才對呀，上千億的興建
>
> 經費，我們這麼貧窮的農莊加減可以賺得到一些零頭吧，聽說回饋
>
> 金和補償金就會嚇死人，沒定你樹胴坑的果園一補償，你就先發一
>
> 筆大財了！是麼？」〔註309〕

根據經濟部水資局所編列之概算表，計畫期間自八十八年七月至九十六年六
月，工程經費總計六三四億元，〔註310〕如此龐大的建設經費，對於貧窮農村
而言，是驚人的數字，只要能獲得補助，就能讓貧窮農莊快速發展，「上千億
的興建經費」、「回饋金和補償金就會嚇死人」，是務農一輩子都賺不到的錢，
自然讓居民贊成水庫興建。

　　此外，水庫帶來的觀光效益，亦為居民所期待，當時環境保護意識尚未
成熟，大部分居民認為興建水庫可以發揮防洪、蓄水與發電等功能，甚至還

〔註307〕　《鍾鐵民全集 4》，頁 426～427。

〔註308〕　《鍾鐵民全集 4》，頁 427。

〔註309〕　《鍾鐵民全集 4》，頁 427～428。

〔註310〕　《經濟部主管八十八年下半年及八十九年度預算評估報告》，立法院預算中
心，1999.3。

可以發展觀光，帶動地方繁榮：〔註311〕

> 同樣的話題談到可能興建的瀰力水庫，涂吉光同樣無奈的自我安慰
> 與解嘲，沒想到更引起大家對這個工程建設的興奮與嚮往，還特別
> 預想將來水庫完成後荔枝園就在遼闊的湖水邊上，山光水色加上水
> 果茗茶，那時悠閒的坐在這裡休憩聊天，觀賞風景，豈不更是人間
> 最好享受！〔註312〕

主角涂吉光嚮往著果園旁就是蓄水池，到時還可以在湖上泛舟，享受自然美
景，故居民對於水庫帶來的好處，更加期待。水庫幾乎被視為拯救瀰力的唯
一良方，歌頌水庫好處的一方，分貝遠遠高過對水庫的隱憂，〔註313〕涂吉光
對水庫案隱隱覺得有危險，但又說不出哪裡有問題，再加上周遭朋友一面倒
向支持方，所以他就不再深思。那時民眾對於水庫的認知，大抵未曾脫離石
門水庫的印象：

> 是啊，叫那些後生回來又有什麼事給他們做？農產品有哪一種會賺
> 錢，穩定可靠的？興建水庫這麼幾百億的大工程，又有十年那麼長
> 的工期，許多子弟或許可以回鄉找到工作，水庫將來讓瀰力變成為
> 重要觀光區，地方要發展或者全要看這個水庫了！〔註314〕

在政府長期重視工業與都市發展的政策下，城鄉之間產生不平衡發展，美濃
與臺灣其他農村一樣，無法建立農村獨特的發展模式。在居民生活普遍困頓
的狀況下，地方意見領袖乃至一般美濃民眾，產生爭取建設以利地方再發展
的思維。水庫興建工程可提供相當數量的就業機會，且道路拓寬可供觀光聯
絡及農產品運輸使用，〔註315〕如此一來，家鄉有工作機會，才能提高年輕人
返鄉意願。此外建水庫還可引進遊樂區，如同石門水庫一樣，成為重要的觀
光景點，吸引遊客來此消費。「地方要發展或者全要看這個水庫了」，透過政
府的宣傳，水庫成為解決所有問題的萬靈丹，民眾在對水庫毫無瞭解下，全
盤接受這種觀念：

> 自從傳出興建水庫的這種信息以後，大家似乎都覺得這是瀰力鄉最

〔註311〕張高傑：〈美濃反水庫運動中的技術政治〉，頁20。
〔註312〕《鍾鐵民全集4》，頁431。
〔註313〕張高傑：〈美濃反水庫運動中的技術政治〉，頁21。
〔註314〕《鍾鐵民全集4》，頁444。
〔註315〕《美濃水庫新聞與論述實錄（一）》，高雄：月光山雜誌社，1998年，頁51
～52。

> 偉大的建設，是讓瀰力出名的工程，又都聽說經濟上好處很多，拚
> 命爭取，還擔心爭取不到哩。當然也有一些不同的議論，不過都是
> 私底下談談，像我果園在這裡，我就很不喜歡，但國家政策和眾人
> 意見我無可奈何，也只好默默的承受了。所以，應該沒有人會出聲
> 反對吧！〔註316〕

在戒嚴時期，面對國家政策，即使不喜歡，也得接受，當時的鎮長對水庫案表示：「國家重大建設有專家規劃，盡可放心，如果進行興建，屆時希望居民配合，因為此為國家政策難得的大建設。」而地區報紙的評論為：「此為政策性的國家建設，要興建誰都阻擋不了，何況興建水庫充沛水源，不致造成污染，有好無壞，安全問題有專家學者負責，何用操心。」〔註317〕在重大國家建設的帽子籠罩下，且幾乎一面倒支持水庫案，「像我果園在這裡，我就很不喜歡，但國家政策和眾人意見我無可奈何」，在輿論壓力下，反對者無人敢出聲，他們不願與眾人作對，即使懷疑會破壞生態與對地區有不利影響，仍同意政府的政策。

　　美濃人對水庫從贊成到反對，關鍵在一九九二年十二月十日所舉辦的公聽會，從那以後，整個情勢改變，美濃人轉而強烈反對水庫興建。政府從一九八〇年代開始辦理南部大型水庫的規劃與環境影響評估工作，至一九九二年核定美濃水庫計畫、當地居民抗爭之前，從未舉辦公聽會徵詢民意；而受委託辦理規劃的中興工程顧問社又同時兼辦環境影響評估審查，「球員兼裁判」的作法，明顯違法。在未與地方充分溝通前，即宣布蓋水庫期限，無異大開民主倒車。缺乏民眾參與的決策，被視為黑箱作業，是美濃水庫興建案引起地方反彈的主要根源。〔註318〕直到一九九二年中期，行政院招待美濃里長到國父紀念館參觀「六年國家建設計畫」展示，展場裡有一個美濃水庫模型，這個大型的工程計畫才曝光，逐漸為美濃民眾知道，〔註319〕並感受到其危險性與威脅。

　　作者在〈家園〉第六章詳細描述了這場重要的公聽會，這是第一次有人站出來反水庫。瀰力鄉的政治人物一改過去支持水庫的態度，轉為反對，選擇與民眾同一陣線：

〔註316〕《鍾鐵民全集4》，頁432。
〔註317〕《美濃水庫新聞與論述實錄（一）》，頁31～32。
〔註318〕張高傑：〈美濃反水庫運動中的技術政治〉，頁28～29。
〔註319〕張高傑：〈美濃反水庫運動中的技術政治〉，頁32。

> ……這樣的政府應該打屁股，規劃那麼多年，都傳出明後年要動工
> 了，我還完全不知道。六年國建在國父紀念館展示，瀰力旅北同鄉
> 打電話給我說：『永隆，展示場有一個瀰力水庫的模型，我們去看看。』
> 台北在展示，我們瀰力在地人卻都不知道，開玩笑嘛！凡事要透明
> 化嘛！水庫興建，財團來炒作土地，瀰力人沒好處。後來我到水資
> 會去問他們，他們拿了一張說明單給我，什麼？這大的水庫工程卻
> 只見一張單子，政府為百姓做事，百姓才是主人。……〔註320〕

為了讓地方民眾對水庫有所瞭解，由瀰力鄉公所召開「第一次興建瀰力水庫
環境評估公聽會」，此為辦理瀰力水庫興建的官員，首次公開面對群眾說明政
策。公聽會中，學者和地方民意代表對興建水庫案多表質疑與反對，地方人
士尤其不滿行政單位在行政程序上的缺失，從草擬到審查，從沒舉行公聽會。
〔註321〕在地方政治人物與民間團體的宣導下，瀰力反水庫運動開始在地方發
酵，並成為瀰力主流民意：

> 公聽會就這樣草草結束了，可以確定的是水庫果真已規劃完成，水
> 資會決定興建，而且似乎勢在必行。瀰力民意肯不肯支持水庫政策？
> 討論半天，現場情緒強烈偏向反對立場，但是否提出反對意見，水
> 資會是否肯接納？這時散會好像沒有具體答案。事實上也不可能有
> 結果。人群懷著對水資會不滿的心情散去，很多人一邊走一邊罵，
> 不確定的感覺令人不安。瀰力鄉從此恐怕將進入長期混亂局面了。
> 但也可以確知，今天參與公聽會的群眾，應該都會反對水庫的興建
> 了。〔註322〕

這場正反意見公開辯論，集體參與的公聽會，讓各種意見能表達出來，亦讓
民眾知道真相，解答了心裡的疑惑；會中專家學者的話，提供瀰力人對水庫
不同的看法，增加反水庫的信心；更重要的是凸顯瀰力水庫規劃過程的破綻
百出，許多決策的問題被揭發，長期黑箱作業、偽造文書，引起居民一致的
反對聲浪，〔註323〕「今天參與公聽會的群眾，應該都會反對水庫的興建了」。
這是一場關鍵的會議，扭轉了居民對水庫的期待：

〔註320〕《鍾鐵民全集4》，頁459。
〔註321〕林福岳：〈族群認同下的社區傳播——以美濃反水庫運動論述為研究脈絡〉，
頁94～95。
〔註322〕《鍾鐵民全集4》，頁463。
〔註323〕張高傑：〈美濃反水庫運動中的技術政治〉，頁35。

> 瀰力水庫規模的龐大完全出乎他們意料之外，讓人驚心動魄。政府
> 竟然一直沒有讓瀰力居民瞭解這個水庫規模多大、對瀰力未來的命
> 運是好是壞？沒有經過任何討論，也不徵詢民眾意願，這樣的不尊
> 重瀰力的民眾，完全不顧他們的生死與感受的這種作法，讓涂嘉興
> 和小組的成員都感到受傷，也氣憤難消。他們分析研討，越討論越
> 清楚越深深感覺到這個水庫案，是家鄉的大劫難。而家鄉大多數人
> 竟然在期盼這個水庫的興建，好帶動地方發展繁榮。〔註324〕

原來居民所期待的水庫，竟是包裹糖衣的毒藥，如此重大的建設，居然不與居民討論、徵詢意見，凸顯政府的蠻橫無理，而水庫對瀰力是好是壞沒有做任何評估，政府「不尊重瀰力民眾」、「不顧他們的生死與感受」的作法，令民眾感到氣憤。「他們分析研討，越討論越決清楚越感覺到這個水庫案，是家鄉的大劫難」，於是公聽會後，在鄉長與鄉代會副主席帶頭領導，在地知識份子宣傳，反水庫抗爭席捲全鄉，開啓了長達八年的抗爭運動。作者有意記錄反水庫運動的意圖很明顯，藉由對瀰力自然景色的描寫，並凸顯當地的客家文化，希望能喚醒居民對瀰力的集體記憶與族群意識，以水庫威脅族群的生存權爲訴求，最容易引起居民危機感，讓保守的農民挺身保衛家鄉。

　　惜〈家園〉未完成，無法看出最後的結局，即使如此，仍可從殘篇中，看出作者巧妙將水庫議題融入作品中，不直接寫水庫的威脅，而是先塑造瀰力鄉的文化記憶，再慢慢導入主題，當良藥變成毒藥時，當地人心理的轉折，其中族群生存危機是轉變的最大關鍵點。

二、生存的戰爭

　　〈家園〉前七章內容是描寫初期對水庫的態度，爲了挽救美濃的經濟，將其視爲良藥，然而當居民發現水庫實爲包著糖衣的毒藥後，從地方到中央全面抗爭。鍾鐵民、吳錦發、鍾永豐、鍾鐵鈞等人，相繼以文學表達反對之意，他們在各大報發表作品，從各個角度檢視水庫對美濃的影響，讓全國民眾得知美濃反水庫的始末，將戰線從地方拉到中央，與政府展開「生存的戰爭」。從一九九三年至二○○○年止，是反水庫文學的高峰期，在此期間發表的作品，以散文居多，小說僅〈蘿蔔嫂〉有觸及到水庫議題。以下筆者先就個別作家作品分析，再歸納他們如何以文學表現此議題。

〔註324〕《鍾鐵民全集 4》，頁 477。

　　首先是鍾鐵民，其作品除了說明水庫破壞生態外，主要是以族群生存危機爲創作主軸，因爲關係到生存，再冷漠的居民，仍會感受其嚴重性，藉此喚醒美濃人對家鄉的集體記憶，進而挺身反水庫。如一九九四年創作的〈蘿蔔嫂〉，以當年一場重要的地方選舉爲背景，這是一場生存之戰，美濃人反水庫是否成功的關鍵，在作品中，可發現農民的觀念已經改變：

> 自從停種菸葉以後，他和廟前的一群老夥伴開始關心地方的事務，
> 還參加了幾次遊行，像地方反水庫運動等。而鎮長正是反對在家鄉
> 上端建水庫最堅定的人，所以他們主動來幫忙。〔註325〕

那年鄉鎮長及縣議員改選，成爲贊成與反對水庫興建的對決，現任鎮長因公開反對水庫，得罪贊成水庫興建者，阻斷財團的利益，而對方有金主資助，買票行情創下美濃歷來的天價，故反對方選戰打來特別辛苦，最後因地方居民覺醒，農民不再只關心農作，他們站出來開始關心地方事務，還義務幫忙鎮長打選戰，並贏得勝選。這場選舉，使美濃水庫成爲美濃社會輿論最重要的話題，之後的幾次選舉，水庫議題仍是主軸。〔註326〕

　　美濃水庫位於雙溪，水庫面積六點四平方公里，壩高一四七公尺，相當於一百座五十層樓高的大水泥牆轟立在美濃平原上，且距最近村落僅一點五公里，對美濃人的生命財產與心理壓力產生重大影響。〔註327〕一旦水庫發生問題，美濃將被毀滅，故美濃人該爲族群保留生存權，〈蘿蔔嫂〉即反映了爲了對抗這種壓力，農民選擇站出來反水庫：

> 將來子女總要回來。他希望家鄉要永遠保持今天一樣安寧、自然，也
> 留一點土地田園讓他們種種青菜，享受一點安樂自在的生活。賺錢就
> 要出外，享受回來家鄉。所以他當然反對在家鄉頭頂上興建摩天大水
> 壩；讓祖宗在此開墾數百年建立的家園隨時受著毀滅的威脅。〔註328〕

美濃人一向將美濃視爲臺灣客家文化最後的淨土，是祖先們奮力開拓的應許之地，若有人要破壞他們生長的土地與村落，民眾勢必要起來反抗，爲後代子孫保護祖先建立的家園，〔註329〕免於被毀滅。他們不要生活在大壩底下，

〔註325〕《鍾鐵民全集3》，頁181。
〔註326〕張高傑：〈美濃反水庫運動中的技術政治〉，頁37。
〔註327〕《美濃鎮誌》，頁1120。
〔註328〕《鍾鐵民全集3》，頁181。
〔註329〕林福岳：〈族群認同下的社區傳播——以美濃反水庫運動論述爲研究脈絡〉，
　　　　頁129。

更不要水庫破壞家鄉的環境。人終歸要落葉歸根，美濃人起來反水庫，就是要為子孫保留一個寧靜、自然的家鄉，美濃是遊子心中永遠的鄉愁，將來他們才能有故鄉可以回來。此項與〈家園〉所要塑造的意象相同，以故鄉的存亡為訴求，喚醒美濃人的危機意識，「將來子女總要回來」，這裡是他們的故鄉，不容被破壞。

　　小說以含蓄的手法表達反水庫，散文則是直接批評政府的政策，鍾鐵民於一九九三年發表第一篇反水庫的散文〈自家阿屎自家食〉，文章先說明荖濃溪對高雄的重要性，它水源終年不絕，是南部開發的重要水源，然而現在卻不能用，作者引用客家諺語「自家阿屎自家食」為題，說明政府長年放任高屏溪污染，沒有乾淨的水源，全是自作自受，然而這個苦果卻要美濃人承受，其實整治高屏溪是最快、最便宜的方式，且不用擔心年限問題，政府卻不願採用，只想以破壞性的蓋水庫攫取水資源，讓美濃人活在大壩的陰影下，此種政策美濃人是不願意接受的。作者動之以理，提供水庫外的替代方案，證明美濃人並非自私，凸顯政府不想根本解決問題的心態，最後以生存危機作結：

> 美濃人有遠見的深感疑慮，在平原高處築一個大水庫，高過我們的
> 屋頂一四七公尺以上，萬一天災地變，或者大地震或戰爭破壞，一
> 出差錯，大水從頭上蓋下來，美濃先民辛苦開發的這塊世外桃源，
> 勢必從此成為歷史名詞。〔註330〕

「美濃先民辛苦開發的這塊世外桃源」，充滿了族群的集體記憶，不容被破壞，水庫若興建完成，勢必成為摧毀美濃的不定時炸彈，為了保衛家鄉，不讓美濃成為「歷史名詞」，鄉親站出來反抗政府。

　　一九九三年五月，立法院經濟及預算聯席會刪除美濃水庫預算，是美濃反水庫運動第一次的勝利，〔註331〕鍾鐵民寫下〈客家團結的力量〉一文，再次表明水庫對美濃的威脅，他將反水庫戰線拉長至整個六堆，甚至是北部的客家同胞，形成客家族群與政府對抗的局面：

> 如果無限制的為供應高污染的石化業清水，讓少數財團賺錢，而拿
> 美濃五萬民眾生命財產作犧牲。這是欺負人的作法，無視珍貴的客
> 家文化，也不在乎客家人的生存。歷史上客家人在危難中是十分團

〔註330〕　《鍾鐵民全集6》，頁383。
〔註331〕　張高傑：〈美濃反水庫運動中的技術政治〉，頁36。

> 結堅強的，我們不怕與外力抗爭。為了生存，我們反對美濃水庫興
> 建，如果美濃人力量不夠，六堆的同胞必不坐視，北部的客家也必
> 能協助。〔註332〕

文中作者直接將抗爭層級，由地方與中央的對抗，變成強勢財團欺壓弱勢族
群，為了圖利這些財團，政府「無視珍貴的客家文化」、「不在乎客家人的生
存」，面對如此強勢的政府，客家人勢必要再次組織，為了生存而團結抗爭，
不管是六堆或北部客家，都將為保護美濃而提供協助。全篇作品先以理性說
明美濃對客家文化保存的重要性，接著說明水庫對美濃的威脅，最後以堅定
語氣與強硬用詞，向政府表達客家人將為此一戰的決心。

　　美濃反水庫的堅定意志，到了一九九七年年底出現變化，美濃出現贊成
興建水庫的人，他們於一九九八年年初，在行政部門的授意與財力支援下，「美
濃發展協會」成立，並響應中央政策，以各種文宣、旗幟在地方上推動美濃
水庫的興建，〔註333〕此一贊成水庫的組織人數雖不多，但仍在美濃掀起巨大
波瀾，容易混淆外界對美濃反水庫的視聽。為此鍾鐵民陸續寫下〈沒嘎尋貓
飯吃〉、〈俗務令人煩〉、〈感動〉、〈理性的抗爭〉、〈同心自救〉等作品，諷刺
這些出賣家鄉的人：

> 如今這些別有居心的人寧可冒著有朝一日家鄉被沖毀的危險，打著發
> 展美濃的藉口，說是要發展觀光業，要爭取回饋金。豈有放棄已有良
> 好基礎的文化觀光，去謀求通俗的商業遊樂而可行的？回饋金更是從
> 你身上取走大量利益，才可能給你的一種補償，有如遮羞費！發展地
> 方不靠自己的努力而想靠回饋金，那有這麼沒出息的作法？〔註334〕

作者引客家諺語「沒嘎尋貓飯吃」來批評這些人，這句諺語指好好的生活
不過，卻沒事找事，為自己招惹禍患和麻煩。美濃本身就具有客家文化之
美，假日總能吸引眾多遊客造訪，這已經是很好的觀光資源，但這些人卻
無事找事，要在家鄉建水庫，將原有的文化摧毀，還妄想爭取回饋金「去
謀求通俗的商業遊樂」，鍾鐵民以罕見的強烈語氣批評他們，冒著「家鄉被
沖毀的危險」來爭取建設，是沒出息的行為，希望他們能適可而止，別再
出賣家鄉。

〔註332〕《鍾鐵民全集6》，頁385。
〔註333〕張高傑：〈美濃反水庫運動中的技術政治〉，頁41。
〔註334〕《鍾鐵民全集5》，頁217～218。

　　反水庫運動最艱鉅的一年為一九九八年，除了有贊成水庫的團體出現外，四月，行政院長蕭萬長突然宣佈美濃水庫將在一年內動工，此一消息震撼了美濃與南部保育團體，他們全面動員各方力量進行抗爭，〔註335〕鍾鐵民以諷刺的筆法，寫下了〈這樣的微笑〉，抗議政府無視於民意，想強行興建水庫，並表明一死之決心：

> 長期以來活在水庫案陰影底下的美濃居民，一直戰戰兢兢，突然看
> 見報紙頭條新聞發出蕭揆指示一年內動工興建美濃水庫的消息，真
> 如晴天霹靂震撼心弦，不少鄉親或電話或當面詢問應付之道，甚至
> 表達決死之心。〔註336〕

從水庫案被揭發後的六年來，美濃鄉親為了保護家鄉而與政府對抗，任何風吹草動都會觸動他們緊張的神經，然而蕭揆竟宣布一年內美濃水庫要動工，對於政府強勢的作為，他們憤怒、無奈，甚至「表達決死之心」，若政府要強行動工，他們要以身軀阻擋，以生命換美濃。作者以「微笑的眼睛是看不到美濃客家人的眼淚的」，諷刺蕭揆的無情，以為只要有優厚的回饋，就能補償美濃一切的損失，美濃人做一點犧牲是應該的。以「微笑」與「眼淚」對比，突顯出政府的霸道與美濃人的悲哀，對比明顯，更能獲得大眾的同情。

　　對於政府勢在必行的決策下，鍾鐵民感到無奈，美濃人已經盡一切力量抗爭，仍敵不過政府一句話，生存的戰爭，是如此的艱難：

> 生存似乎是很容易的事，但是卻危機四伏。弱肉強食不僅是一般生
> 物界的定律，就是人類社會又何嘗不是？照顧老弱傷殘孤獨和弱勢
> 族群的口號叫得很響亮，事實上仍然是一種理想，只做一些表面工
> 作。面對利益時，強弱立現，特別是資本主義強權政府統治下的社
> 會，犧牲弱勢和少數人的利益甚至生存權，來達到企業者龐大的利
> 益。美濃水庫的興建就是一個最好實例。〔註337〕

作者以土蜂與蜥蜴的衝突，衍生出生存不易的感想，土蜂為了保護在蜘蛛身體裡的後代，不斷的攻擊蜥蜴，然而蜥蜴卻不為所動的將蜘蛛吃掉，土蜂一點辦法都沒有，就像人類社會一般。弱勢族群為土蜂，強權政府為蜥蜴，不

〔註335〕張高傑：〈美濃反水庫運動中的技術政治〉，頁40。
〔註336〕《鍾鐵民全集6》，頁408～409。
〔註337〕《鍾鐵民全集5・生存的戰爭》，頁20。

管怎麼大聲，怎麼反抗，面對利益時，政府以「犧牲弱勢和少數人的利益甚至生存權」，來滿足企業龐大的利益，無視弱勢族群的生存權而強行吞噬，美濃人的生存權在這場戰爭中，被無情地犧牲，不過即使如此，仍要像土蜂一樣，不到最後一刻絕不放棄，要為自己的生存而戰，反水庫運動就是一場「生存的戰爭」。

　　社會運動所採取的在地化策略，則仰賴對地域、文化及生態的依附情感。同時，他們環繞著生物多樣性的議題，藉此重申地方特色的重要性，以建構地方的「文化生態」。〔註338〕鍾鐵民關於反水庫的一系列作品，主要訴諸於族群意識，美濃是客家文化的重鎮，是美濃人集體記憶的所在，政府在此建水庫，是為了財團利益而欺負美濃人，逼迫居民接受被毀滅的壓力。美濃人或許不懂環保，但若生存受到威脅，必定起而反抗，故作者不斷強調水庫除了破壞生態外，更重要的是威脅美濃人及後代子孫的生存權，以此喚醒冷漠的居民參與反水庫運動。

　　不同於鍾鐵民的寫作手法，吳錦發強調美濃山與河的文化，水庫的興建則會切斷人與水的連結，在〈我十七歲以前的美濃〉一文中，即反映出此種論點：

> 內政部水資會決定在我的家鄉最上游的地方，建一座高一百四十七公尺，寬及十棟大樓和起來長度的超大型水庫，驚醒了我氣餒的志氣，我再三告訴自己，雖然美濃今天已成了我不喜歡的故鄉，但她畢竟是我靈魂萌芽成長的土地，如今那塊土地面臨了存亡的關頭，我不能不返鄉，我無法眼睜睜看著，美濃的「山的文化」、「河的文化」逐漸變色的當兒，又讓蠻橫暴力的「水庫文化」恣意衝撞進來，徹底摧毀一切。〔註339〕

吳錦發從小在美濃溪長大，看著美濃溪從清澈到污濁，感觸極為深刻，他對於居民眼前只有利益不見文化，感到挫折與無奈，甚至告訴自己美濃已經不是他喜歡的故鄉，然而聽到政府要在此地興建超大型水庫時，他選擇回鄉參與抗爭，因為美濃畢竟是「我靈魂萌芽成長的土地」，「水庫文化」的恣意衝撞，會毀了它原有之山與水的文化，切斷與美濃溪的牽絆，這是他不願看到的結果。低劣的水庫觀光文化會沖垮美濃原有的特色，疏離自然的擁抱：

〔註338〕《地方：記憶、想像與認同》，頁 136～137。
〔註339〕吳錦發：《生命 Hiking》，頁 55。

> 我的鄉親目前也被資本家和政客們耍弄著，用各種美麗的詞藻和利
> 益引誘，逐漸遠離母親大地的懷抱，開始和河，和山，和家鄉的風、
> 陽光、鳥鳴、蝶群疏離，「疏離」，目的就是躲避看到母親大地在死
> 亡前，如何發抖和悲痛。〔註340〕

興建度假村、遊樂場、活魚三吃等，是低俗的水庫觀光文化，破壞原有的自然美景，建立人爲的粗糙設施，而自以爲此能吸引更多觀光客，殊不知遊客到美濃遊玩，是要享受自然與客家文化，並非一般的都市次等文化。當人與自然疏離後，就會變得市儈，而這正是那些資本家與政客們的目的。

〈夢返美濃溪〉則透露他參與反水庫的理念，即「在殘酷冰冷的台灣工業社會裡，讓我們留下一個作夢的角落吧，一個作乾淨而甜美的夢的角落。」〔註341〕爲了給孩子們一個作夢的角落，一條乾淨的河川可以親近，他挺身而出大聲疾呼反水庫。〈水的人文觀〉則批評水資局的專家，引愛因斯坦的話「專家只是訓練有素的狗」來諷刺，這些專家保證「台灣建的水庫從未有崩壞的記錄」，並以翡翠水庫的經驗套用在美濃水庫上，就是因爲建了翡翠水庫，臺北市民才沒有喝水的困擾。然而兩座水庫的地質不同，且翡翠水庫附近並沒有一個像美濃這麼大的聚落，他們根本不考慮水庫對美濃文化的破壞：

> 人，依傍水而產生了「文化」，河流死亡，人的「文化」也就跟隨著
> 一寸一寸死亡！水的消失，顯而易見，「文化」的死亡，一分一寸逐
> 漸流失，常在無聲無息中進行，而且一去便「永不回頭」！這就是
> 水利技術「專家」看不到的事。「訓練有素的狗」不明白地銜回來的
> 棍子中填充了炸藥！〔註342〕

這些專家不懂美濃開庄以來與水共生的文化，美濃溪的支流貫穿整個美濃平原，灌溉水圳四通八達，造就了當地富裕的生活，且發展出一套水的文化，居民依賴這些水，他們沿著河流建立聚落，在美濃人的記憶裡，水是不可或缺的，當水消失後，文化也會跟著流失。這些專家只會撿棍子，缺少人文素養，不知思考爲何物。

〈一滴水〉〔註343〕闡述了每滴水的重要，因爲大家藐視一滴水，養成浪費水資源的習慣，才會沒有水，於是開始拼命蓋高山水庫，最後「終於要蓋

〔註340〕吳錦發：《生命 Hiking》，頁 57。
〔註341〕吳錦發：《生命 Hiking》，頁 60。
〔註342〕吳錦發：《生命 Hiking》，頁 116。
〔註343〕吳錦發：《生態禪》，頁 77。

到我們美濃人頭上了，威脅到美濃人的生命安全，威脅到美濃河是否會枯竭，威脅到我們的靈魂的存續。」若美濃河枯竭，美濃人的靈魂也會跟著枯竭，作者認為「美濃水庫不但可以殺害肉體，更可以殺害我的靈魂」，美濃河是作者靈魂所在，水庫會截斷美濃河，少了河流的滋養，等於迫害了他的靈魂，他不願看到美濃河受到傷害，只要大家養成珍惜水資源的習慣，就可以不用蓋水庫，美濃也就不會遭到威脅。

　　吳錦發從自然的角度看水庫議題，以美濃溪為敘述對象，他的記憶由此開始，美濃的發展亦由此開始，人與水是分不開的。他的筆調帶有濃厚的鄉愁，懷念童年的清澈河川，即使它已受到污染，他仍不希望遭受水庫的破壞。

　　鍾永豐不同於鍾鐵民與吳錦發，他以純客語歌詞記錄美濃反水庫運動，《我等就來唱山歌》即是在反水庫的口號下誕生的，專輯由美濃開庄史談起，〈下淡水河寫著我等介族譜〉敘述美濃先民從武洛庄遷移至美濃，並在此辛苦開墾，而有現在的局面，喚醒美濃人對這塊土地的感情與認同。接著進入反水庫的主題，從〈夜行巴士〉開始，展開一連串的美濃反水庫記事。〔註344〕

　　到立法院抗議，對務農一輩子的老農而言，是一件很重大的事，他們第一次走上街頭參與公共事務，在面臨家鄉毀滅的危機時，勇敢的站出來向政府說「不」。〈夜行巴士〉運用內心獨白的手法，表現出老農的徬徨、掙扎：

　　　　透夜趲路遊覽巴士佢緊行緊北（連夜趕路遊覽巴士它漸行漸北）
　　　　頭腦暈暈目珠睜睜佢看著夜色（頭昏腦脹雙目圓睜　我看著夜色）
　　　　烏雲食月一擺過一擺（黑雲掩月一次又一次）
　　　　分佢惗起第頭擺介頭擺（讓我想起那從前的從前）

為了保衛家鄉，美濃人連夜北上立法院，向立委表達反對意見，希望能將預算刪除。遊覽車一路往北開，坐在車上的美濃鄉親，被長途旅行折磨，導致睡眠不足，看著窗外夜色想起往事。作者以示現的手法，描寫鄉親在遊覽車上的情形，疲倦、緊張、不滿充斥全車。隨著思緒的流轉，時空回到過去：

　　　　苦做硬做田坵大出產（苦做硬做田地大出產）
　　　　奈何年年佢緊種加啥緊淒慘（奈何年年我愈種愈淒慘）
　　　　丁多地少兄弟爭出外（丁多地少兄弟爭出外）
　　　　存佢一房來蓄爺哀（剩我這一房看顧父母）

〔註344〕王欣瑜：〈跟我們的土地纏綿：林生祥與鍾永豐的音樂文本與社會實踐〉，頁55。

　　骨節痛淨力頭衰弱時（骨頭痛盡力氣衰弱時）
　　新事記多變舊事（新事記多變舊事）
在政府長期漠視農業的政策下，農業凋零，農產品價格始終無法提高，年年
豐收，卻年年悽慘，讓留在家鄉務農的人，生活無法獲得改善，看著兄弟一
個個爭相出外打拼，留他一個人照顧父母，回首過去，一幕幕的傷心事湧上
心頭，語氣充滿無奈。如今年紀已大，卻沒有任何成就。
　　在都市項食頭路介老弟同𠊎講（在都市裏工作的弟弟跟我講）
　　麼該做水庫美濃就變做大金庫（說什麼做水庫美濃就變做大金庫）
　　哀哉！𠊎講後生（哀哉！我說年輕人）
　　憨狗望愛食羊下卵呢咩？（傻狗妄想吃羊睪丸了嗎？）
　　厥兜政府斷眞係有搞（這些政府若眞的有搞頭）
　　耕田人家早有出頭（耕田人家早就出頭）
　　毋使等到𠊎亦下已經六十出頭（不必等到我現在已經六十出頭）
　　轉業忒慢死忒早（轉業太慢死太早）
　　轉業忒慢死又還忒早（轉業太慢死又還太早）
當水庫案傳出時，在都市的兄弟反而羨慕他，認爲他可以領到一筆優厚的補
償金，然而他卻知道這全是騙人的，作者以「憨狗望愛食羊下卵」的諺語，
說明興建水庫能帶來利益是痴心妄想，憨狗怎麼能妄想吃到美味的羊睪丸，
用語十分貼切又直接。政府若眞的有能力，農業也不會壞到如此地步，被土
地騙了一輩子。「轉業忒慢死忒早」重複了兩次，道盡一切無奈，當發現農業
無望時，已六十歲了，現在要改行已經太晚，但要死又還年輕，這種不上不
下的處境，令人難捱。
　　東片扁白日頭一出萬條鞭（東方翻白太陽一出萬條鞭）
　　台北市介樓屋噹噹撐著天（台北市的高樓直挺挺撐著天）
　　想𠊎這一生人就會冇效喂（想我這一輩子就快要沒效了）
　　但係這擺𠊎毋愛再賸棍喂（但是這次我不會再窩囊了）
　　今卑日𠊎愛來去撇奄講（今天我要去跟他們講）
　　今卑日𠊎愛一定來去撇奄講（今天我一定要去跟他們講）
　　今卑日𠊎愛一定來去（今天我一定要去）
　　撇厥高毛政府講（跟這么壽政府講）
　　水庫係築得屎嘛食得（水庫若可以做屎也可以食）

最後，天亮了，臺北已經在眼前，現在他要整理好情緒，從「愛來去撤奄講」
已經決定要去講，到「愛一定來去撤奄講」再次加強其決心，最後「愛一定
來去　撤厥高毛政府講」，作者先不說明要跟誰講，當決心推到最高點，在情
緒高昂時，才點出對象是「高毛政府」，而要說的話爲「水庫係築得屎嘛食得」，
一針見血戳破水庫神話，簡潔有力。作者重複此三句形式相似的句子，慢慢
加強老農的決心，讓他在立法院抗議時，能勇敢、堅定的表達意見。

　　作者以較粗鄙的客語，生動刻畫出老農的形象與心理，符合主角的身分
與用語習慣。「毋愛再膦棍」中，「膦棍」指男性生殖器，意指別再窩囊，此
句有罵人之意；「水庫係築得屎嘛食得」以最簡單的比喻說明水庫不能興建，
老農不懂高深理論，只知道水庫不能興建，如同糞便不能吃一樣。此二句雖
然不文雅，卻很能表達老農的心聲。

　　另一首〈同志，好好喂睡〉則是爲美濃鄉親打氣，水庫預算在立法院曾
二次刪除，直到一九九八年蕭揆的一席話，再度掀起反水庫戰爭，美濃人反
水庫已經堅持了五年，大家已經有些不耐煩：

　　　　從山線串啊到海線（從山線串到海線）
　　　　從部落連啊到河洛庄（從原住民部落連到河洛庄）
　　　　擔過幾多硬斗事（擔過多少困難事）
　　　　忍呐幾多介壓折事（忍了多少的壓抑事）
　　　　從細選打啊到大選（從小選打到大選）

　　　　從地方戰啊到全國版（從地方版戰到全國版）
　　　　轉過幾多壞形勢（扭轉過多少壞形勢）
　　　　捱也幾多介惡陣勢（捱了多少的惡陣勢）
　　　　峭峭崎崎介這一條路呀（簸曲折的這一條路呀）
　　　　算呐愛行呀到賴久？（到底要走到什麼時候？）

這場生存的戰爭，從山線到海線、從地方小選舉打到大選，從地方版到全國
版，過程辛苦艱難，不過也扭轉許多惡劣形勢，此時，他們最想想問，這條
困難的道路「算呐愛行呀到賴久？」面對政府的強勢作爲，他們顯得弱小無
力，不過即使終極目標遙遙無期，他們仍不灰心，在抗爭疲倦時，彼此唱山
歌互相鼓勵：

　　　　同志啊（同志啊）
　　　　偓知汝會愁會驚（我知道你會愁會怕）

運動進退成敗登常介事（運動進退成敗平常的事）

今暗晡（今晚）

倕來唱條歌喂分汝聽（我來唱首歌給你聽）

眼光放卑伊遠好好喂睡（眼光放遠好好地睡）

天光日（明天）

咁苦戰壞覓猶毋怕（再苦戰難搞都沒關係）

還有會騰汝介兄弟姊妹（還有會挺你的兄弟姊妹）

今暗晡（今晚）

倕來唱條歌喂分汝聽（我來唱首歌給你聽）

心肝放卑佢緩好好喂睡（心情放鬆好好地睡）

不要害怕、也不須灰心，因爲「運動進退成敗登常介事」，只要能堅持理念，展現客家人硬頸的精神，不輕易向威權屈服，總有成功的一天，現在，他們知道必須養精蓄銳，才能面對明天的挑戰。在〈同志，好好喂睡〉中，以山歌來撫慰民眾不安的心，與鍾理和〈親家與山歌〉的用法相似，兩篇皆達到安撫的效果。山歌是客家代表音樂，具有凝聚族群意識的功用，在面對無理的政府時，唱山歌來彼此打氣，激起大家的鬥志。

專輯以《我等就來唱山歌》爲名，山歌象徵著客家人的堅強與耐苦，是客家人精神的寄託，〔註345〕故在所有反水庫的抗議場合，都能聽到民眾唱山歌，它扮演了團結人心與提振士氣的角色，如專輯的第三首〈我等就來唱山歌〉、第四首〈山歌唱來解心煩〉，即表現了這個特點。前者記一九九三年立法院抗議行動，鄉親看見臺北的高樓環繞，汽機車又多，心裡有些害怕，這時領導者以擴音器爲大家打氣，最後以「來！倕等就來唱山歌，好有？」的提議，平息眾人的不安，並引領美濃鄉親高聲吶喊「反水庫」；後者則以客家傳統山歌的形式創作，包括七言四句的歌詞形式、尾字的平仄押韻，〔註346〕以歌詞的第二與第四段爲例：

長纏故事母再怨（長纏故事不再怨）

邀串來到立法院（邀串來到立法院）

左驚右愁懊懆時（左驚右愁懊懆時）

〔註345〕楊國鑫：《台灣客家》，頁 215。

〔註346〕王欣瑜：〈跟我們的土地攞歌：林生祥與鍾永豐的音樂文本與社會實踐〉，頁 59。

　　　　山歌唱來解心煩（山歌唱來解心煩）

　　　　腳有千雙路一條（腳有千雙路一條）

　　　　人生百樣心共調（人生百樣心共調）

　　　　眾口一聲反水庫（眾口一聲反水庫）

　　　　衙門咄惡照樣屌（衙門再兇照樣幹）

每段各四句，第二段「怨」、「怨」、「煩」押「an」韻，第四段「條」、「調」、「屌」
押「au」韻，整首歌流露出濃厚的客家氣息。文字的選用上，鍾永豐以全客語
創作歌詞，為了符合情境，所選用的詞語除了須符合韻腳要求外，尚須符合
民眾用語習慣，例如「屌」字的運用，那是很生氣時才會用的粗俗字眼，鍾
永豐在歌曲的最後用上這個字，有畫龍點睛的效果，即使粗俗卻很貼切，讓
人一聽能會心一笑，演唱時更能打動民眾的心。

　　美濃反水庫運動直至二○○○年陳水扁當選總統，公開表示停止美濃水庫
興建案為止，長達八年的抗爭才告一段落。美濃反水庫運動最大的收穫，應
是青年返鄉與居民願意參與公共事務，期間完成《美濃鎮誌》的編纂，為美
濃的歷史文化寫下記錄。大家也開始關心家鄉面臨的問題，思考美濃要如何
發展自己的特色：

　　　　農村的發展不要再朝向大眾化、都市化的路子去走，農村要享有高
　　　　層次、精緻的生活品質，就應該設法保持農村的清純的景觀、突顯
　　　　傳統文化的特色。讓農村永遠是人們心靈中的歸宿、感情中的故鄉。

　　　〔註347〕

發展美濃最好的方式就是觀光業，美濃不能被都市化，必須有自己的獨特性，
而客家文化與農村景觀，正是最好的觀光資源，保有自己的特色，才能成為
都市人「心靈中的歸宿」、「感情中的故鄉」，於是美濃舉辦「黃蝶祭」，結合
環保與客家文化，讓遊客來此可以感受自然之美，品嚐客家美食，只要遊客
多，相關產業自然能發展，隨著越來越多年輕人回鄉工作，美濃已脫離貧窮
落後的農村形象，現在正充滿活力。

〔註347〕《鍾鐵民全集6‧水庫的終結 小鎮之復活》，頁391。

第六章　結　論

　　綜合前面論述可知，將在地書寫視爲文學與地景的組合，而非把文學當作分離的透鏡或鏡子，映照或扭曲了外在世界。此外，文學亦不僅是在地理學的客觀知識之外，提供情感的對應部分。反之，文學提供了體察世界的方式，展示品味、經驗與知識的廣闊地景。〔註1〕本論文藉由文學地景的角度，探討了美濃另一個面向，不同於其他學者的觀察研究，本文著重於對作品文本的分析，以及文本與美濃的結合，以下針對各章所得結論，分爲寫作特點及藝術成就兩節，歸納出美濃作家的在地書寫特色與成就。

第一節　寫作特點

　　美濃作家的寫作特點，可歸納爲：受自然環境影響深、對農業的關心與呈現濃厚的客家文化等三項，呈現出美濃的地方色彩。

一、受自然環境影響深

　　自然環境上，以山景與水文描述最多，傳統與現代文學皆有作品。美濃的丘陵在文學上各具不同意義，大體上來說，美濃山系爲故鄉的符碼，祖先從此開墾，遊子的鄉愁，開基伯公也設於此，是美濃人心靈的故鄉，族群記憶的起源。作家書寫時，自然賦予這條山系嚴肅的象徵意義，它具有美濃當地文化特色。

〔註 1〕　《文化地理學》，頁 75～76。

　　而龍肚地區的丘陵，則又是另一種風情，先從命名上看，以獅、龍、龜等動物爲山脈名稱，就比美濃山系還具傳說色彩；再來，因龍肚開墾的傳奇性，且遠離市中心，故此處的丘陵成了遊客尋幽探訪的好去處。它們沒有沈重的開庄史，在作家筆下，自然比較輕鬆，除了有趣傳說外，就是描述其清幽與脫俗的景觀，與美濃山系成爲明顯對比。

　　作家在描述美濃山景時，是以自己所在地的山脈爲主要對象，如吳錦發的金字面山，鍾理和、鍾鐵民的笠山，朱鼎豫的茶頂山等。這是他們最熟悉的地景，是生活的場域，心靈的寄託。

　　在水文方面，以區域來說，作家大都分佈於美濃溪，作品較多。分佈於上游的作家，以鍾氏父子三人爲主，描寫河流有雙溪、磨刀河、擔水溪、羌仔寮溪；中間則有中正湖，此爲美濃著名景點，故相關作品亦多，有傳統文學，亦有現代文學；下游則是吳錦發，他就住在美濃溪附近，故對河流有深深的感情。另一地區爲龍肚，此地因丘陵阻隔，自成一個體系，於此孕育出的文學作品，以傳統文學居多，詩人將龍肚地區的水文融入傳統詩中，如柳樹塘、龍潭。作品中美濃水域與生活記憶息息相關，童年的回憶，勞動的身影，農作的種植，都脫離不了河流，那裡是生活的場域，最熟悉的地方。

　　以內容來說，鍾理和作品中，溪流是男女主角發展感情的地方，是農民休閒的場所，與作品人物有緊密的聯繫，在鍾理和的年代，看不到河流污染問題，除了竹頭庄旱災河床乾涸外，溪流終年有水。鍾鐵民的作品，常站在旁觀者角度，介紹美濃的河川，作品亦重視河川保護議題。鍾鐵鈞較多關注河川污染與生態破壞，批判性強。吳錦發將美濃溪化做自己的血液，是故鄉的符碼，他亦關注河川污染與水庫議題。鍾鐵民、鍾鐵鈞、吳錦發的作品，河川污染成了他們關注的焦點，人與河有了距離，不再像鍾理和的時代，人與河是緊密的。傳統詩人則多著墨於景物的描寫，歌詠自然之美。

　　在氣候方面，則是乾濕分明的季節記憶，對於此種天氣型態，人們自然發展出對應之道，而反映到作品上，有不同自然景觀描述，雨季的豪雨、打雷、淹水，萬物吸飽了水分，到處呈現綠油油的景象；而乾季常幾個月無雨，因此土地乾燥，空氣中常有灰濛濛的沙塵，植物枯黃、毫無生氣，更甚者常引起火災。兩者形成強烈對比，而反映到人文活動，雨季常成爲農村的休息時期，爲了應付漫長的雨季，農民必須搶在下雨之前，將作物種植下去，然後只能無奈的等待，運氣好能平安度過，否則會造成農作的損失。此季節的

主要作物為水稻，故呈現出一片綠海的田園景色，農民等待著豐收的來臨。乾季為開墾的重要時期，少了雨的干擾，許多活動都能順利進行，包括農作的種植、房屋的興建等，然而農民最關心的是乾季結束的時間，若乾季過長，則會發生旱災，影響稻米的生長，最後農作欠收，導致居民人心不安，社會容易動盪。此時期的主要作物為菸葉，呈現的地景為菸田的農忙景象，菸農全家總動員，是一年中最忙碌的季節。美濃作家將此種季節特性如實反映在作品中，傳統詩人在詩作描述雨季的情景，關心淹水造成的災害；現代文學作家則以季節為背景，敘述人們在乾濕季節中的各種活動，如鍾理和〈笠山農場〉對雨季的描寫很仔細，尤其是下雨時的情景，更是精彩，農場的活動與此息息相關，甚至連角色的發展皆與此有關，將氣候與人文巧妙的結合，表現出早期農業社會對自然的態度，他們順著氣候的變化活動，更可看出農民看天吃飯的特性。

　　自然生態方面，從鍾理和、鍾鐵民到鍾鐵鈞的作品，可看出雙溪一帶的生態變化。在鍾理和的時代，還保有許多原始林相，動植物以原生種為主；但到了鍾鐵民時，許多動植物因環境破壞與人類捕殺，許多生物已經看不到了，而外來的動植物也改變了雙溪生態；再到鍾鐵鈞時，破壞更為嚴重，故他以嚴肅的態度，記錄著雙溪的生態危機。吳錦發的作品，主要描寫美濃溪生態，以童年方式呈現，美濃溪的生態是他童年快樂回憶。文學是最直接反應這種改變的，美濃作家並沒有刻意要寫自然寫作，只是將生活裡常見的動植物寫進作品裡，因此作品有作家的濃厚感情在其中，亦間接保存了當時的自然生態。自然生態的觀察記錄上，以保存客語詞彙貢獻最大，許多動植物的客語名稱、相關諺語，得以流傳下來。

二、對農業的關心

　　美濃作家對菸葉種作描寫最深入，菸葉是美濃的特殊經濟作物，它已成為聚落文化的一部份，菸樓亦為美濃的文化地景，作家甚至以菸葉當作篇名，如鍾理和〈菸樓〉、鍾鐵民〈菸田〉，直接凸顯作品的地域特色，而作品大都集中於種菸的辛苦歷程，還有菸農畏懼卻又不願放棄種菸的矛盾心理。菸葉帶給美濃財富，讓美濃子弟可以取得高學歷，然而也帶給美濃污染，尤其是烤菸時期的空氣污染與砍伐森林，然而，不可否認的，菸葉是形成美濃文化的一個重要角色，從文學作品中可以看出來，它已深植在美濃人的記憶中，

成爲故鄉的符碼。

而傳統稻作，不像菸葉如此特別，在美濃作家的書寫中，如同家常飯一般，並沒有特別的突顯出來。然而，也因爲平淡，反而無所不在，作品或多或少都會帶出稻田美景，因爲農民是生活在土地之中，故一塊有限的土地和村莊的形象，連同村莊的所有特別之處、地界、房子的相對位置以及阡陌縱橫的各塊土地，很早就被銘刻在村莊成員的腦海裡。〔註2〕因此，在美濃放眼望去，都看得到稻田，而它早已烙印在美濃人的記憶裡。美濃人對水稻感情很深，「養兒莫算飯餐錢」，即使賠本還是要種。於是水稻必須轉型，才能繼續傳承，耕作方式改爲機械化，並推廣精緻的有機種作，解決人力不足問題，並可提高售價。

農村的經濟受制於農產品低迷的價格，一直無法獲得最大的收益，於是，農民爲了改善經濟，增加收入，在農作物上，捨去稻作，改種木瓜、香蕉等價格較高的作物。此外，亦紛紛投入養豬副業，這種現象在鍾鐵民的作品中最明顯。經營副業有其風險性，因要提高收入，故必須擴大規模，卻常受市場供需波動影響而血本無歸，因其投機性大，老一輩的美濃人仍對此種事業抱持懷疑，對於年輕人的衝勁捏把冷汗，他們認爲最妥當的農作物爲稻米，雖然賺不了錢，但可供應家庭一年份的糧食；副業則傾向於傳統經營模式，養豬幾頭就好。因兩代對於經營方式有不同見解，常造成彼此衝突，通常是老一輩的人屈服，即使不認同年輕人的作法，仍盡力配合。

三、呈現濃厚的客家文化

在美濃作家的作品中，對於客家的特色會刻意描寫，在傳統建築透露出家族的興衰歷史，從大夥房人口眾多，後來面臨人口外移，一家家從夥房搬離，剩下空空蕩蕩的房間，留守的人必須辛苦整理，他們盼望著哪一天子孫能回到夥房，讓夥房重現往日榮景；菸樓則是美濃特殊的產業建築，它象徵著菸葉興衰的歷史，興盛期的美濃平原，菸樓多達一千多座，隨著菸葉沒落，菸樓一間間倒塌、毀壞，地方人士有鑑於菸樓與美濃文化密不可分，於是開始保護美濃的菸樓群。

飲食上，新舊飲食文化併陳，傳統的醃漬文化、米食文化影響著美濃作家，他們在作品中對於飲食多所著墨，由飲食的書寫，可看出作家個人的飲

〔註2〕《論集體記憶》，頁113～114。

食習慣，鍾理和因生活拮据，在飲食上種類較少，且以蔬菜、醃漬類爲主；鍾鐵民關於飲食的書寫最豐富，含括了傳統、新式與點心，因生活環境已改善，對於吃就比較講究，然而還是以傳統飲食爲主。其他的作家對飲食部分著墨較少，因經濟環境更好，已經不愁吃穿，對於吃反倒不再重視。

服飾用品上，藍衫在鍾理和與鍾鐵民的時代，仍是美濃婦女常穿的服飾，鍾理和喜歡看婦女穿著藍衫，對藍衫的描寫很細膩，他認爲女性穿上藍衫有種古典美，很能將內在性格表現出來。鍾鐵民的時代，對於藍衫則將它看作保守的代表，在其他鄉鎮已經現代化時，美濃竟還有這種古老穿著，讓小說的主角感到非常丟臉。然而，傳統的物品未必不好，藍衫到了近幾年，反倒開始重視，並且加以改良。

教育觀念上，美濃人重視子弟的教育，希望他們能多讀書，往外發展，別留在農村當農夫，離農是父母對子女的期待，因此對於教育經費，總是會想辦法供給給孩子，他們仍有傳統萬般皆下品，唯有讀書高的思想。對於成績好的孩子常偏心，他們費盡苦心栽培孩子，結果常常得到反效果，反而是成績差的孩子，成爲他們的希望。此外，在升學主義下，學子們對於家鄉的事物完全陌生，在文化傳承上出現危機。

宗教信仰上，雖然閩客神明都有，但仍以伯公是作家的最愛，伯公如同鄰居一般，任何事情都能向伯公訴說，而三山國王與法師公，只有重要節慶或祈雨時，才會寫到祂們，普及性不如伯公。

生活習慣，大體上勤勞節儉爲其特色，但美濃受到地形影響，非常保守，不敢接受新文化，對於外來者帶有敵視意味，尤其是從桃竹苗南下開墾的人，雖然同爲客家人，但口音不同，而產生區隔性，美濃人相當歧視北部客。勞動身影以女性的形象最鮮明，女性無時無刻不在勞動，比較特別的是美濃的洗衣文化，是站在河水中，面對河岸洗衣，這種習慣只有美濃才有，是經過教訓得來的經驗，一代傳一代；節令慶典則集中於農曆過年期間，客家有特別的習俗，如貼門前紙。

娛樂生活上，客家人講求務實的生活態度，因此對於休閒活動並不重視，認爲那是浪費時間，故反映在作品中，娛樂生活僅有看戲與電影，看戲是小孩與老一輩的嗜好，電影則屬於年輕人。

最後則是反水庫運動，這場運動關係到美濃的存亡，作家們以文章大聲疾呼，要鄉親覺醒，爲保衛家鄉而戰，他們採取的策略，是以族群生存危機

爲訴求，水庫一旦崩潰，美濃會被毀滅，客家文化就少了一個珍貴的聚落，由此而激發民眾的危機意識，成功團結美濃鄉親，讓他們從田地走上街頭，開始關心家鄉事務。反水庫後，美濃年輕人開始回鄉，關心家鄉的未來，爲美濃注入一股活泉。

　　文化認同被視爲固定的客體，一代傳諸一代，也具有領域特性，該文化的空間充滿了族群或國族觀念——形成了「血與土」之間的強大結合。而文化地景成爲傳遞文化歸屬的容器。〔註3〕使美濃的聚落文化，能一代傳一代保留至今，透過文學呈現其特色，成爲美濃人的集體記憶。

第二節　藝術成就

　　關於美濃作家的藝術成就，分爲寫作風格、表現形式，最後藉由他們的作品，成功塑造了美濃人文色彩，將美濃從客觀的地名，成爲客家的鄉愁地。

一、寫作風格比較

　　首先是寫作風格的比較，美濃現代文學作家雖然都出身、成長於美濃，但各有各自的寫作風格：

　　鍾理和：在客語使用上以漢字爲主，夾雜部分客家話，他反對全篇以母語書寫，但贊成在作品中參雜部分母語，這個文學主張一直影響著美濃作家。寫作風格上，以寫實爲主，筆觸細膩，描寫生動，對美濃的書寫上，沒有議論在作品中，他以冷靜的態度處理主題，展現出人道關懷，他對美濃的觀察很仔細，文章中呈現出美濃早期樸素的特色。

　　鍾鐵民：與鍾理和一樣，在部分文字上採取客家話，鍾鐵民的客語詞彙豐富，除了單字外，還保留了許多諺語，他與鍾理和的差別在於沒有山歌的記錄，在他的年代，山歌已經不流行，只剩下過去的回憶而已。他到晚年嘗試創作客語文學，但以短文爲主，數量不多。〈家園〉的對話曾嘗試以全客語書寫，但中文痕跡仍明顯。他的風格幽默風趣，沒有鍾理和那麼嚴肅，而他長達四十年的寫作歷史，正好涵蓋了美濃的變化，他在作品中寫出在美濃生活的點滴，並反映美濃當前困境。對美濃的書寫是全方位，其作品可看成美濃農業發展史。

〔註3〕《文化地理學》，頁214。

　　鍾鐵鈞：從事寫作起步較晚，受鍾理和影響，在部分文字上用客語，但他的客語用字，與父兄有些微不同，對於文字的美感不這麼講究。主題部分與鍾鐵民重疊，但偏重議論，文筆犀利，風格與父兄不同。作品多關心美濃生態，對於破壞自然環境者提出批判。

　　吳錦發：文字上同樣部分使用客語，《靜默的河川》中，與阿公的對話以客語書寫，顯得親切。關於美濃的作品以《靜默的河川》、《春秋茶室》、〈閣樓〉、《秋菊》為主，大都描述童年記憶，回憶美濃時，筆調柔和，充滿濃厚的鄉愁。

　　劉洪貞：文字上全為華語。她以女性細膩的筆法，寫出對故鄉美濃的感情，亦採回憶方式，將童年時代的點滴，形成文字，作品以散文為主。

　　鍾永豐：因作品為歌詞，故用字上全為客語，不過他不單純只運用客語，華語、臺語亦融入在歌詞中，形成多種語言的特色。風格上有針貶時事的尖銳，亦有關懷農民的柔和，風格多變，但總能扣緊農業問題，寫出農民的心聲。他擅長於兩種創作形式，四言或七言四句的仿傳統客家山歌形式，與段落較長的敘事詩。

　　當其他客家地區作家積極發展母語文學之時，美濃作家除鍾永豐以全客語創作外，皆以華語為敘述語言，他們並不支持全母語創作，此種觀念，與鍾理和的文學主張有密切關係，他在《文友通訊》中，曾發表反對方言文學的意見，但不反對在文學中適當的加入方言，讓作品呈現族群特色，而此種創作特色為美濃現代文學作家所繼承，因此在他們的作品中，可以發現客語詞彙的運用，但沒有全篇客語的作品。

二、表現形式

　　文體以散文、小說為主，鍾永豐的詞作勉強可當成新詩，除此，美濃沒有現代詩的創作，這與鍾理和同樣有關係，美濃現代文學從鍾理和開始，他一開始即接觸漢文小說，新文學亦以魯迅等人的作品為學習對象，而他居住於深山，對於現代文學的發展所知有限，《文友通訊》的文友都是小說、散文家，這些外在因素影響了他在文體上的選擇；而美濃傳統文學興盛，對文學的認知仍保有傳統以散文、小說為正統的觀念，故從鍾鐵民以下，皆以小說家、散文家自居。

　　內容則以寫實為主，他們同樣繼承鍾理和認為文學要負社會責任的觀

念，浪漫、幻想、不切實際的內容在他們的作品中找不到，即使觸及到男女之愛，仍會與現實結合，沒有純粹的浪漫愛情。美濃的地形封閉，交通不便，接觸外界的機會少，造成民風保守，這些文化特色已在前面論述過，而環境影響文學甚巨，相對於其他地區而言，此地的文學顯得特別保守，在農民務實的性格影響下，美濃作家的在地書寫沒有太多寫作技巧，文字樸實無華，更沒有不切實際的內容，此為美濃作家的特色，在臺灣文壇上獨樹一格。

三、美濃──從地名變成鄉愁

美濃作家有意或無意地將地方特色寫進作品裡，直接或間接成了地方的行銷管道，讓更多讀者認識美濃。他們的作品記錄了各年代的地景風貌與生活方式，日據時期，以鍾理和的作品〈笠山農場〉為主，美濃在他的筆下，為一個新奇的地方，不管是地理環境或聚落文化，皆停留在過去的時光中，對鍾理和而言，都是前所未見的。即使戰後回臺，在「故鄉四部」中，他仍舊以客觀、冷靜的角度觀察美濃，將美濃視為一個特別的鄉鎮，此時並無鄉愁在其中。傳統文學中，美濃亦為一個環境幽美的地方。

鄉愁明顯表現在出外求學或生活的後輩作家作品中，如鍾鐵民、吳錦發、鍾永豐、林生祥、劉洪貞等人，回美濃成為一種奢求，因此他們將對故鄉的懷念，寫進一篇篇的作品中。

美濃現代文學作家對美濃的系列書寫，將美濃塑造為客家的鄉愁之地，成功的讓美濃成為臺灣客家聚落的代表，亦成功將美濃各種特色呈現在讀者面前，對於文化塑造的貢獻極大，在臺灣文學中，美濃是一個重要的文學發展地。

美濃作家的在地書寫研究，由文學看美濃，所要關照的層面很廣，為避免雜亂，有些因篇幅過小而沒分析，造成部分疏漏，期望將來能一一補齊，讓美濃書寫能夠更完整。

參考資料

（一）作家作品集

吳錦發作品

　1.《靜默的河川》，臺北：蘭亭書店，1982。

　2.《春秋茶室》，臺北：聯合文學出版社，1988.1.25。

　3.《秋菊》，臺中：晨星出版社，1990.2.10。

　4.《吳錦發集》，臺北：前衛出版社，1992。

　5.《流沙之坑》，臺中：晨星出版社，1997.11.30。

　6.《永遠的傘姿》，臺中：晨星出版社，1986。

　7.《生態禪》，高雄：串門企業有限公司，1990。

　8.《生命 Hiking》，高雄：串門企業有限公司，2000。

鍾理和著作

　1. 鍾怡彥主編：新版《鍾理和全集》，高雄縣政府文化局，2009.3。

鍾鐵民著作

　1. 鍾怡彥主編：《鍾鐵民全集》，高雄市文化局、國立臺灣文學館、高雄市
　　　政府客家事務委員會，2013.1。

鍾永豐著作

　1.《我等就來唱山歌》，高雄：串聯有聲出版社，1999.3。

　2.《菊花夜行軍》，臺北：大大樹音樂圖像，2001.8。

　3.《臨暗》，臺北：大大樹音樂圖像，2004.11。

　4.《種樹》，臺北：大大樹音樂圖像，2006。

　5.《我庄》，臺北：風潮音樂，2013。

其他作家著作

1. 林生祥：《過庄尋聊》，獨立發行，1997.10。
2. 陳保貴：《陳 故保貴先生紀念集》。
3. 黃森松：《寂靜的小鎮》，高雄：德馨室出版社，1977。
4. 黃森松：《美濃人物臉譜》，高雄縣文化忠心，1993。
5. 劉洪貞：《媽媽的扁擔》，臺北：春耕出版社，1995。
6. 劉洪貞：《未上好的袖子》，臺北：春耕出版社，1995。
7. 劉洪貞：《紙傘美友情濃》，高雄縣立文化中心，1997。
8. 劉洪貞：《坐看雲起時》，臺北：正中書局股份有限公司，2004。
9. 鍾鐵鈞：〈上路〉，《民眾日報》，1997.1.22～2.5。
10. 鍾鐵鈞：〈兒女親家〉，《台灣新聞報》，1998.1.13～1.16。
11. 鍾鐵鈞：〈祭伯公〉，《台灣日報》，1998.2.18～2.23。
12. 鍾鐵鈞：〈領恩俸的日子〉，《台灣日報》，2004.7.12～7.25。
13. 鍾鐵鈞：《笠山依舊在》，高雄：春暉出版社，2005.5。
14. 鍾鐵鈞：〈夥房〉，發表於《台灣日報》，2005.8.27～9.5。
15. 鍾鐵鈞：〈溫泉夢〉，《月光山雜誌》，2009.9。
16. 鍾鐵鈞：〈蝶谷聯想〉，《愛鄉協進會會員大會會刊》，2009。
17. 鍾鐵鈞：〈可議的護堤工程〉，《月光山雜誌》，2010.7。
18. 鍾鐵鈞：〈白玉飄香〉，刊登於高雄市立歷史博物館「高雄小故事」，2012.10.25。

（二）專書

1. Mike Crang 著，王志弘、余佳玲、方淑惠譯：《文化地理學》，臺北：巨流圖書有限公司，2003.3。
2. Tim Cresswell 著，王志弘、徐苔玲譯：《地方：記憶、想像與認同》，臺北：群學出版有限公司，2006.12。
3. 文訊雜誌社編：《鄉土與文學：台灣地區區域文學會議時錄》，臺北：文訊雜誌社，1994.3。
4. 王瑛曾：《重修鳳山縣志》卷一輿地志（疆界），臺灣研究叢刊第四九種，臺灣銀行經濟研究室。
5. 毛育剛：《台灣農業發展論文集》，臺北：聯經出版社，1994.5。
6. 台灣省菸酒公賣局：《台灣省菸酒公賣局局志》，1996。
7. 江明樹：《蕉城人物誌》，高雄：蕉城雜誌社，1993.4.1。

8. 李幸祥：《六堆客家故事・由古樸典雅到宏偉華麗》，高雄縣立文化中心，1997.4。

9. 林海音：《剪影話文壇》，臺北：純文學出版社，1984.12。

10. 林書堯：《色彩認識論》，臺北：三民書局，1999.8。

11. 邱春美著：《六堆客家古典文學研究》，臺北：文津出版社，2007.7。

12. 周寧：《七十一年短篇小說選》，臺北：爾雅出版社，1983.2。

13. 夏鑄九、王志弘編譯：《空間的文化形成與社會理論讀本》，臺北：明文書局，1994.6。

14. 陳皆興、陳清文：《高雄縣志稿》，鳳山：高雄縣文獻委員會，1960。

15. 陳子波等纂修：《高雄縣志稿十一卷》，臺北：成文出版社，1989。

16. 《高雄州街庄概況輯存（十種）／美濃庄役場等編》，臺北：成文出版社，1989。

17. 美濃鎮誌編纂委員會：《美濃鎮誌上、下冊》，高雄：美濃鎮公所，1997.4。

18. 美濃愛鄉協進會：《擁抱土地・河流・與生命──美濃反水庫論述文集》，高雄：美濃愛鄉協進會，2000.8。

19. 美濃愛鄉協進會：《重返美濃》，臺中：晨星出版社，1994.9.30。

20. 美濃八色鳥協會編：《大家來寫龍肚庄誌》，行政院文化建設委員會中部辦公室出版，1999.12。

21. 洪震宇：《台灣農村經濟研究》，臺北：自立晚報社，1984.8。

22. 洪馨蘭：《台灣的菸業》，臺北：遠足文化事業股份有限公司，2004.4。

23. 胡文青：《臺灣的咖啡》，臺北：遠足文化事業股份有限公司，2005.12。

24. 高雄縣政府編：《美濃鎮：月光山下的原鄉》，高雄：高雄縣政府，1997。

25. 梅遜：《作家群像》，臺北：大江出版社，1968。

26. 張二文：《土地之歌：美濃土地伯公的故事》，臺南市：翰林，2004。

27. 張二文：〈客家「聖君爺」信仰及其傳說流變調查研究──以聖軍、法主公、五營信仰之關係為主〉，2008.12。

28. 傅騰霄：《小說技巧》，臺北：洪葉文化事業有限公司，1996.4。

29. 黃森松研究主持：《美濃種菸事業的盛衰功過與未來》，臺北：行政院客家委員會，2004。

30. 黃袞：《邀功紀略》，手抄本。

31. 曾逸昌：《客家概論》，獨立發行，2004.9 增訂再版。

32. 楊時逢：《臺灣美濃客家方言》，中研院史語所，1971。

33. 楊國鑫：《台灣客家》，臺北：唐山出版社，1993.3。

34. 經濟部水資源統一規劃委員會：《水資源政策白皮書》，臺北：經濟部水資源局，1996。

35. 趙莒玲：《美濃——鍾理和原鄉風景》，臺北：貓頭鷹出版社，2001.7。

36. 劉益昌：《高雄縣史前歷史與遺址》，高雄縣文獻叢刊系列三，高雄縣政府，1997。

37. 劉志偉：《美援年代的鳥事並不如煙》，臺北：啓動文化，2012.11。

38. 劉還月：《台灣的客家人》，臺北：常民文化事業股份有限公司，2000.4。

39. 蕭國和：《台灣農業興衰四十年》，臺北：自立晚報社，1978.10。

40. 蕭國和：《台灣農業何處去》，臺北：中國文化大學出版部，1986.5。

41. 盧德嘉：《鳳山縣采訪冊》（乙部），地輿（二）諸山，臺灣文獻叢刊第七三種，臺灣銀行經濟研究室。

42. 鍾壬壽編著：《六堆客家鄉土誌》，屏東・常青出版社，1973.9。

43. 鍾舜文：《那年，菸田裡》，臺北：夏日出版社，2009.11。

44. 簡炯仁：《高雄縣旗山地區的開發與族群關係》，高雄縣政府，2004.8。

（三）期刊報紙

鍾理和部分

1. 吳錦發：〈鍾理和小說中的客家女性塑像〉，《民眾日報》，1990.12.7～9，20 版。

2. 吳幼萍：〈鍾理和短篇小說「菸樓」之言語風格〉，《輔大中研所學刊》，第 7 期 1997.6，頁 229～312。

3. 余昭玟：〈〈笠山農場〉評析——兼談鍾理和的創作歷程〉，《中國文化月刊》，第 238 期，2000.1，頁 112～126。

4. 林明德：〈鍾理和與民間文學〉，《民間文學與作家文學研討會論文集》，清華大學中國文學系，1998.11，頁 165～174。

5. 胡坤仲：〈「草坡上」賞析〉，《中國語文》，第 82 卷第 2 期，1998.2，頁 84～88。

6. 胡紅波：〈南北二鍾與山歌〉，《民間文學與作家文學研討會論文集》，清華大學中國文學系，1998.11，頁 175～202。

7. 翁小芬：〈論鍾理和農民文學的寫作風格〉，《修平人文社會學報》，第 7 期，2006.9，頁 129～150。

8. 張良澤：〈倒在血泊中的筆耕者——鍾理和〉，《漢家雜誌》，62 期，1999.10。

9. 陳映眞：〈評介《雨》〉，《筆匯》，第 2 卷第 5 期，1960.12，頁 37～39。

10. 陳火泉、施翠峰、廖清秀等：〈「竹頭庄」評論〉，《文學界》，第 5 期，1983.1，頁 150～154。

11. 陳火泉、廖清秀等：〈「故鄉」之二、三、四評論〉，《文學界》，第 5 期，1983.1，頁 75。

12. 陳丹橋：〈鍾理和的文學觀及其作品中的農民世界〉，《台灣新文學》，第 4 期，1996.4.15，頁 223～240。

13. 陳祈伍：〈時代的呼聲──鍾理和戰後初期作品研究 1945～1949〉，《文史薈刊》，復刊第 8 期，2006.12，頁 132～166。

14. 許素蘭：〈毀滅與新生──試析鍾理和的「故鄉」〉，《台灣文藝》，54 期，1977.3，頁 54～62。

15. 許素蘭：〈冷眼與熱腸──從「夾竹桃」、「故鄉」之比較看鍾理和的原鄉情與臺灣愛〉，《鍾理和逝世卅二周年紀念暨台灣文學學術研討會論文集要》，高雄縣政府，1992.11，頁 29～45。

16. 許素蘭：〈山歌‧菸樓‧青色洋巾──鍾理和小說中的客家意象〉，《新活水》，第 9 期，2006.11，頁 54～60。

17. 許俊雅：〈生動的尖山農家耕作圖～賞讀鍾理和的「做田」〉，《國文天地》，第 15 卷第 4 期，1999.9，頁 95～98。

18. 梁明雄：〈鄉土文學的傳薪者──鍾理和〉，《南台文化》，2001.9，頁 13～22。

19. 梁明雄：〈試論鍾理和小說中的人物〉，《台灣文學評論》，2002.1，頁 96～110。

20. 彭瑞金：〈試論鍾理和的社會參與〉，《台灣文藝》，54 期，1977.3，頁 18～30。

21. 彭瑞金：〈「鍾理和紀念館」因緣〉，《臺灣時報》，1982.8.4。

22. 彭瑞金：〈土地的歌‧生活的詩──鍾理和的〈笠山農場〉〉，《台灣春秋》，第 2 卷第 1 期，1989.10，頁 328～335。

23. 彭瑞金：〈鍾理和的農民文學〉，《民眾日報》，1990.12.12～14，20 版。

24. 彭瑞金：〈鍾理和小說「校長」〉，《台灣文藝》，142 期，1994.12，頁 72～76。

25. 彭瑞金：〈鍾理和的「原鄉」和「祖國」〉，《臺灣時報》，1994.4.29～30。

26. 彭瑞金：〈艱困年代的文學見證人──鍾理和〉，《聯合文學》，第 122 期，1994.12，頁 99～101。

27. 彭瑞金：〈鍾理和筆下的客家意象〉，《台灣文學館通訊》，第 6 期，2004.12，頁 58～59。

28. 韓淑惠：〈談鍾理和筆下的農民世界〉，《台灣文藝》，54 期，1977.3，頁 65～73。

29. 葉石濤：〈新文學傳統的承繼者——鍾理和〉，《聯合文學》，第 122 期，1994.12，頁 93～94。

30. 楊傑銘：〈論鍾理和文化身分的含混與轉化〉，《台灣學研究》，第 4 卷，2007.12，頁 43～60。

31. 潘翠青：〈台灣省作家——鍾理和〉，《文學評論》，1990.2。

32. 鄭秀婷：〈誰的原鄉？誰的失落——評陳映真對鍾理和民族認同的曲解〉，《台灣文學評論》，第 5 卷第 2 期，2005.4，頁 160～185。

33. 蔣淑貞：〈反抗與忍從：鍾理和與龍瑛宗的「客家情結」之比較〉，《客家研究》，第 1 卷第 2 期，2006.12，頁 1～41。

34. 澤井律之：〈台灣作家鍾理和的民族意識〉，《台灣文藝》（新生版），128 期，1991.12，頁 22～41。

35. 應鳳凰：〈重新閱讀鍾理和——並探勘其文學發展史〉，《淡水牛津文藝》，第 2 期，1999.1，頁 78～97。

36. 應鳳凰：〈鍾理和的「貧賤夫妻」〉，《明道文藝》，2001.1，頁 69～73。

鍾鐵民部分

1. 丁榮生：〈葉石濤、鍾鐵民、彭瑞金作客東京大學，談台灣客家文學〉，《中國時報》，2002.6.15，30 版。

2. 方以直：〈關於鍾鐵民的病〉，《幼獅文藝》，23 卷 5 期，1965.11，頁 124～125。

3. 朱瑞徵、蘇貴福、鍾鐵民、林枝旺、黃宣勳、黃鴻松、林瓊柔：〈美情文濃的原鄉〉，《源雜誌》，12 期，1997.11。

4. 亞萩：〈從鍾鐵民的病談起〉，《幼獅文藝》，23 卷 6 期，1965.12。

5. 呂昱：〈走過創作旅程的第二站——試論鍾鐵民的小說〉，《文學界》，6 期，1983.4，頁 47～63。

6. 呂新昌：〈訪問鍾理和的長子——鍾鐵民同學〉，《國文天地》，191 期，2001.4，頁 41～47。

7. 谷嵐：〈鍾鐵民的小說〉，《臺灣時報》，1982.5.15，12 版。

8. 杜文靖：〈台灣 e 代誌 鍾理和、紀念館、鍾鐵民、文學步道〉，《幼獅文藝》，547 期，2001.10，頁 42～44。

9. 李梁淑：〈鍾鐵民作品的時代意義與價值〉，《人文資源研究學報》，第 1 卷第 1 期，2007.6，頁 35～46。

10. 吳浩：〈鍾鐵民榮獲賴和文學獎〉，《文訊》，67 期，1994.7。

11. 吳億偉：〈貼近土地生活的寫作者——訪問鍾鐵民先生〉，《文訊》，202 期，2002.8，頁 83～86。

12. 吳錦發：〈無神通菩薩〉，《台灣日報》，1999.6.26，23 版。

13. 林瑩秋：〈鍾鐵民這位原鄉人不想被當成選舉宣傳〉，《新新聞週刊》，400 期，1994.11.6～12。

14. 林鍾隆：〈第三屆台灣文藝文學獎選後感──關於鍾鐵民〈竹叢下的人 家〉〉，《台灣文藝》，18 期，1968.1，頁 56。

15. 林政華：〈客籍農村小說家──鍾鐵民〉，《台灣新聞報》，2001.12.10，9 版。

16. 阿盛：〈我手寫我土──鍾鐵民〉，《自由時報》，1998.11.6，41 版。

17. 兩峰：〈讀「菸田」〉，《台灣文藝》，第 26 期，1970.1，頁 66～67。

18. 陳文芬：〈文學原鄉──鍾鐵民在美濃〉，《印刻文學生活誌》，4 期， 2003.12，頁 152～165。

19. 陳清智：〈鍾鐵民捍衛客家文化〉，《中國時報》，1999.4.25，9 版。

20. 陳重生：〈鍾鐵民以抗爭訴說原鄉人情懷〉，《中時晚報》，1999.6.2，13 版。

21. 陳希林：〈鍾理和與鍾鐵民父子搏鬥拚創作〉，《中國時報》，2004.8.21， A14 版。

22. 曾寬：〈父子作家：鍾理和和鍾鐵民〉，《台灣新聞報》，1980.10.27，12 版。

23. 曾寬：〈綠谷深處的鍾鐵民〉，《臺灣時報》，1987.1.3，8 版。

24. 黃象：〈與鐵民交〉，《純文學》，43 期，1970.7，頁 43。

25. 彭瑞金、李喬、鄭清文：〈鍾鐵民作品討論會〉，《文學界》，6 期，1983.4， 頁 10～25。

26. 彭瑞金：〈笠山的薪火傳人──鍾鐵民〉，《文訊》，57 期，1990.7，頁 106 ～109。

27. 彭瑞金：〈鍾鐵民的山中傳奇〉，《台灣新聞報》，2001.8.23，20 版。

28. 彭瑞金：〈從蒔田到家園──鍾鐵民小說的起點與終點〉，《文學台灣》， 86 期，2013.4，頁 149～174。

29. 董成瑜：〈鍾鐵民即將退休圓寫作夢〉，《中國時報》，39 版，1996.12.3， 39 版。

30. 廖淑瑱：〈「鍾鐵民的春天」在「雨後」開始，「石罅中的小花」於「菸田」 盛放──美濃尖山訪小說家鍾鐵民〉，《文學家》，5 期，1986.3，頁 28～ 33。

31. 劉湘吟：〈苦難焠煉出溫和悲憫：鍾鐵民──愛文學、愛鄉、愛社會〉，《新 觀念》，108 期，1997.10，頁 30～40。

32. 劉慧眞：〈柔情而堅毅的農民作家：鍾鐵民〉，《聯合報》，2000.10.8，37 版。

33. 蕭紫菡：〈鍾鐵民 捍衛人性尊嚴與權利的文學家〉，《人文教育札記》，第 195 期，2005.9，頁 3～8。

34. 鍾肇政：〈創造嬉笑歡樂的鍾鐵民〉，《公論報》，1965.8.8，8 版。

35. 鍾肇政：〈刻苦奮鬥自強不息的鍾鐵民〉，《幼獅文藝》，23 卷 5 期，1965.11，頁 132～135。

36. 鍾肇政：〈溫暖在人間〉，《台灣文藝》，3 卷 10 期，1966.1，頁 62。

37. 鍾肇政、鄭清文、李喬：〈第一屆「吳濁流文學獎」選後感：關於鍾鐵民〈清明〉〉，《台灣文藝》，26 期，1970.1，頁 30、35、39。

38. 鍾仁嫻：〈鍾鐵民有木瓜樹的書房面對尖山雲和樹〉，《拾穗》，90 期，1997.4，頁 35～37。

吳錦發部分

1. 方健祥：〈試評「靜默的河川」〉，《自立晚報》副刊，1983.4.10。

2. 王鴻佑：〈心湖裡，噗通一聲！──盪漾我心深處的「生之曼陀羅」〉，《新觀念》，112 期，1998.2。

3. 江寶釵：〈追尋傳奇──評吳錦發「春秋茶室」〉，《文訊》，35 期，1988.4，頁 161～164。

4. 吳錦發：〈「堤」得獎感言〉，《台灣文藝》，第 66 期，1980.3。

5. 沈萌華：〈山隨平野江入流──「兄弟」評介〉，《自立晚報》，10 版，1982.1.31。

6. 吳錦發：〈小說的條件與藝術〉，《文藝月刊》，第 163 期，1983.1。

7. 李喬：〈小說家的成長──序「燕鳴的街道」〉，《新書月刊》，17 期，1985.2。

8. 李明駿：〈鄉土文學的難局──從吳錦發的作品談起〉，《南方》，14 期，1987。

9. 吳錦發：〈80 年代的台灣文學〉，《台灣學術研究會誌》，第 3 期，1988.12.20。

10. 吳錦發：〈重返心靈的故鄉──記電影「青春無悔」〉，《客家》，第 67 期，1994.1。

11. 李瑞騰：〈步入中年的詩壇新人──吳錦發與劉小梅〉，《聯合報》，1998.3.9，41 版。

12. 阿圖：〈望川：評介吳錦發的小說〉，《明道文藝》，90 期，1983.9，頁 147～149。

13. 林雙不：〈清純的美──北上車中談吳錦發的新作〉，《民眾日報》，1990.3.27。

14. 高天生：〈說故事者與小說家──試評「放鷹」〉，《書評書目》，94 期，1981.3，頁 33～37。

15. 高天生：〈人民、土地、社會變遷──論吳錦發的小說「上」「下」〉，《工商日報》副刊，1983.8.9。

16. 高天恩：〈春秋茶室〉，《聯合報》，1988.2.9，21 版。

17. 高天生：〈台灣作家的新指標──吳錦發集序〉，《吳錦發集》，前衛出版社，2000。

18. 陳寧貴：〈被沖毀的堤──讀吳錦發「再也擔不得了」〉，《文藝月刊》，195 期，1985.9。

19. 黃淑璟：〈輕舟已過萬重山？──論吳錦發「青春三部曲」中呈現的成長本質〉，《雄中學報》，第 7 期，2004.11，頁 1～18。

20. 彭瑞金：〈吳錦發「燕鳴的街道」（上）（下）〉，《自立晚報》，1983.9.17。

21. 彭瑞金：〈讀「燕鳴的街道」看吳錦發的變貌〉，《文訊》，19 期，1985.8，頁 74～78。

22. 彭瑞金：〈向大河小說前進──「春秋茶室」裡的吳錦發〉，《自立早報》，1988.5.6，14 版。

23. 彭瑞金：〈應是屬於荖濃溪的作家──吳錦發〉，《民眾日報》，1992.3.26～29，10 版。

24. 葉石濤：〈靜默的河川──美濃地方史的真實見證〉，《台灣日報》副刊，1982.7.8。

25. 履疆：〈曇花姿影──讀吳錦發散文集「永遠的傘姿」〉，1985.9.22。

26. 履疆：〈一朵藍色的小花──論吳錦發「秋菊」的風格〉，《自立晚報》，1990.12.16，10 版。

27. 劉湘吟：〈吳錦發用行動愛台灣推動綠色革命的小說家〉，《新觀念》，第 99 期，1997.1，頁 18～29。

28. 劉湘吟：〈吳錦發這個人〉，《新觀念》，第 112 期，1998.2，頁 99。

29. 劉湘吟：〈關於吳錦發‧新台灣人的驕傲〉，收錄於吳錦發《生態禪附錄》，串門企業有限公司，2001，頁 165～179。

鍾永豐部分

1. 天下雜誌：〈鍾永豐──傳統文化必須重新創造，才叫保存〉，《天下雜誌》，217 期，1999.6。

2. 何東洪：〈Art of Telling：論林生祥與鍾永豐的客家性與現實性〉，《客家研究》，第 2 卷第 1 期，2007.6，頁 173～179。

3. 張育章記錄、鍾永豐口述：〈美濃反水庫運動音樂記實與社會實踐──鍾永豐與交工樂隊〉，《破週報》，1999.4。

4. 謝金蓉：〈林生祥、鍾永豐的報導音樂 從農村走向臨暗的都市〉,《新新聞》,932 期,2005.1.13～19,頁 94～95。

其他作家部分

1. 彭瑞金：〈樂見笠山薪傳人——序鍾鐵鈞《笠山依舊在》〉,《文學台灣》,54 期,2005.4。

關於美濃

1. 包黛瑩：〈謳歌於丘陵迴聲於台地〉,《中國時報》,1995.6.8,41 版。
2. 宋國城：〈小型焚化爐有污染水源之虞〉,《中國時報》,2000.7.18,15 版。
3. 李允斐：〈土地‧菸樓‧人民的藝廊〉,《重返美濃》,臺中：晨星出版社,1994。
4. 李雪莉、游常山：〈美濃〉,《天下雜誌》,特刊 33 期,2001.7。
5. 洪馨蘭：〈一場起於反水庫卻永無止境的社區運動〉,《客家文化研究》通訊,4 期,2001.12,頁 186～193。
6. 徐享崑、李鐵民、蕭政宗：〈美濃水庫計畫概述〉,《工程》,72 卷 7 期,1999.7,頁 17～21。
7. 陳月滿、蔡宗勳：〈美濃之旅〉,《成報》,1983.5.6,7 版。
8. 賴素鈴：〈我們來做桃花源〉,《新生報》,1998.9.1,19 版。
9. 鍾志芳：〈美濃鎮的菸葉發展〉,《地理教育》,19 期,1993,頁 143～164。
10. 鍾紹和：〈美濃水庫政策的爭議與檢討〉,《研考雙月刊》,24 卷 1 期,2000.2,頁 33～41。
11. 韓乃鎮：〈美濃的天空‧不再冒煙〉,《民生報》,1984.7.23,10 版。
12. 陳瘦白：〈美水清流 濃山秀立——美濃之行紀實〉,《商工日報》,1985.8.31。

其他研究

1. 台灣省菸酒公賣局菸葉試驗所編：〈台灣省黃色菸草耕作法〉,收於《台菸通訊》,第 5 卷第 10 期,1967。
2. 呂正惠：〈從方言和普通話的辯證關係看台灣文學的語言問題〉,《台灣社會研究季刊》,第十二期,1992.5,頁 65～84。
3. 呂正惠：〈社會與個人——現代中國的成長小說〉,《幼獅文藝》,第 492 期,1994.12,頁 19～20。
4. 呂正惠：〈鄉土文學中的「鄉土」〉,《聯合文學》,第 14 卷第 2 期,1997.12,頁 83～86。
5. 李文冰紀錄整理：〈世界華文成長小說決選會議——尋找書寫的潛力和脈絡〉,《幼獅文藝》,510 期,1996.6。

6. 吳月蕙：〈波瀾壯闊的台灣客家新文學上、下〉,《中央日報》,17 版,2003.11.6～7。

7. 吳碧霞：〈從鄉土語言教育談台灣俗諺之運用寓意與價值〉,《南投文教》,第 19 期,2003.12,頁 91～94。

8. 周榮杰：〈台灣諺語的雙關〉,《台南文化》,第 26 期,1988.12,頁 39～57。

9. 周榮杰：〈台灣諺語之社會觀的探討〉,《台南文化》,第 29 期,1990.6,頁 17～48。

10. 周英雄：〈八○年代台灣小說家之主體意識〉,《當代》,第 88 期,1993.8.1,頁 146～149。

11. 林寬明：〈台灣諺語的語言研究〉,《輔仁大學外國語文學院研究生論文選刊》,第 10 期,1995.7,頁 1～16。

12. 姚榮松：〈當代台灣小說中的閩南語詞彙〉,《華文世界》,第 55 期,1990.3,頁 13～31。

13. 姚榮松：〈當代台臺灣小說中的方言詞彙——兼談閩南語的書面語〉,《國文學報》,第 19 期,1990.6.5,頁 223～264。

14. 范銘如：〈地誌的辨識度〉,《印刻文學生活誌》,第 5 卷第 6 期,2009.2,頁 126～128。

15. 范銘如：〈空間與文學生產〉,《印刻文學生活誌》,第 5 卷第 9 期,2009.5,頁 110～112。

16. 范銘如：〈臺灣地方書寫的區域整合〉,《印刻文學生活誌》,第 5 卷第 12 期,2009.8,頁 82～85。

17. 范銘如：〈後山與前哨：東部和離島書寫〉,《臺灣學誌》,2010.4,頁 61～74。

18. 袁瓊瓊：〈我看成長小說〉,《幼獅文藝》,第 514 期,1996.10,頁 72。

19. 高華：〈十二項建設的輝煌遠景〉,《中央月刊》,第 10 卷第 2 期,1977.12,頁 98～99。

20. 高屏溪流域委員會：〈97 年高屏溪流域管理工作執行年報〉,2009.7。

21. 魚夫：〈客家的土地廟〉,《台灣文藝》,第 121 期,1990.9.10。

22. 陳長房：〈西方成長／教育小說的模式與演變〉,《幼獅文藝》,第 492 期,1994.12,頁 5～16。

23. 梁寒衣：〈成長小說中的啓蒙主題〉,《幼獅文藝》,第 521 期,1995.5,頁 58～60。

24. 張晴記錄：〈啓蒙的驚怵與傷痕——當代臺灣成長小說中的悲劇傾向〉,《幼獅文藝》,第 511 期,1996.7,頁 16～19。

25. 張默、馬森、鍾鐵民：〈提昇心靈境界座談會之一──提昇社會品質，淨化心靈〉，《中華日報》，1997.5.30，16版。

26. 許秀霞：〈美濃土地公信仰初探〉，《台灣文獻》，第48卷第1期，1997.3，頁141～154。

27. 許琇禎：〈從民族、寫實到本土──台灣「鄉土文學」之歷史考察與評析〉，《中國學術年刊》，第19期，1998.3，頁429～450。

28. 陳芳明：〈文學左傾與鄉土文學的確立〉，《聯合文學》，第16卷第3期，2000.1，頁128～136。

29. 張學謙：〈由台灣諺語談台灣文學之美學〉，《文化視窗》，第20期，2000.5，頁14～20。

30. 彭小妍：〈何謂鄉土？──論鄉土文學之建構〉，《中外文學》，第27卷第6期，1998.11，頁41～53。

31. 馮品佳：〈華美成長小說〉，《幼獅文藝》，第510期，1996.6，頁85～93。

32. 楊昭景：〈擺盪於傳統與創新之中──談客家飲食特色及發展方向〉，《飲食文化基金會會訊》，第11卷第3期，2005.8，頁25～32。

33. 楊昭景、邱文彬：〈生存、覺知與存在：客家飲食內含與發展〉，《餐旅暨家政學刊》，第2卷第1期，2005年，頁71～81。

（四）學位論文

1. 方美琪：〈高雄縣美濃鎮客家民歌之研究〉，師範大學音樂研究所碩士論文，1992年。

2. 石弘毅：〈台灣農民小說的歷史考察──二○～八○年代〉，成功大學歷史研究所碩士論文，1996年。

3. 王慧芬：〈台灣客籍作家長篇小說中人物的文化認同〉，東海大學中文研究所碩士論文，1999年。

4. 王慧君：〈吳錦發小說之研究〉，高雄師範大學國文教學碩士班碩士論文，2004年。

5. 王萬睿：〈殖民統治與差異認同──張文環與鍾理和鄉土主體的承繼〉，成功大學臺灣文學研究所碩士論文，2004年。

6. 王偉音：〈鍾肇政與吳錦發成長小說研究──以《八角塔下》、〈春秋茶室〉為例〉，雲林科技大學漢學資料整理研究所碩士論文，2009年。

7. 李育諭：〈閩客鄉鎮人口遷移之比較研究：以1983～1992年旗山、美濃鎮為例〉，國立臺灣大學農業推廣學研究所碩士論文，1997年。

8. 吳幼萍：〈鍾理和笠山農場語言運用研究〉，輔仁大學中國文學研究所碩士論文，1998年。

9. 吳雅蓉：〈超越悲劇的生命美學——論鍾理和及其文學〉，中正大學中文研究所碩士論文，1999 年。

10. 何淑華：〈鍾理和地誌書寫與認同形構歷程研究〉，東華大學中國語文研究所碩士論文，2007 年。

11. 林女程：〈台灣農村的見證者——鍾鐵民及其小說研究〉，成功大學歷史研究所碩士論文，2000 年。

12. 林姿如：〈鍾理和文學研究〉，高雄師範大學國文研究所碩士論文，2000 年。

13. 林福岳：〈族群認同下的社區傳播：以美濃反水庫運動論述爲研究脈絡〉，政治大學新聞研究所博士論文，2002 年。

14. 林玲燕：〈從書寫治療看鍾理和生命情結的反思與超越〉，中興大學中國文學研究所碩士論文，2005 年。

15. 林廣文：〈鍾理和作品與思想研究〉，高雄師範大學回流中文碩士班碩士論文，2005 年。

16. 邱仕宏：〈反思客家論述：從交工樂隊的社會實踐談起〉，新竹：交通大學社會與文化研究所碩士論文，2005 年。

17. 洪馨蘭：〈菸草美濃：美濃地區客家文化與菸作經濟〉，清華大學社會人類學研究所碩士論文，1997 年。

18. 洪玉梅：〈鍾理和疾病文學研究〉，屏東教育大學中國語文研究所碩士論文，2006 年。

19. 姚祥瑞：〈臺灣地區水庫興建政策與環保團體互動之研究：以美濃水庫爲個案分析〉，中國文化大學政治學研究所博士論文，2000 年。

20. 柳寶耳：〈鍾鐵民及其小說研究〉，高雄師範大學國文教學碩士班碩士論文，2004 年。

21. 翁小芬：〈鍾理和笠山農場寫作研究〉，東海大學中國文學研究所碩士論文，2001 年。

22. 張燕萍：〈人間的條件——鍾理和文學裡的魯迅〉，靜宜大學中文研究所碩士論文，2000 年。

23. 張高傑：〈美濃反水庫運動中的技術政治〉，清華大學社會研究所碩士論文，2000 年。

24. 張清文：〈鍾理和文學裡的「魯迅」〉，政治大學中國文學研究所博士論文，2005 年。

25. 許瑞弘：〈社區報紙的社區公共事務功能：以美濃菸農自救運動爲實例的研究〉，中山大學公共事務管理研究所碩士論文，2004 年。

26. 陳慧蓉：〈旅客觀光意象與地方依附感關係之探討：以高雄美濃鎮爲例〉，靜宜大學觀光事業學系暨研究所碩士論文，2006 年。

27. 陳明惠：〈美濃客家女性的性別角色與社會關係〉，國立臺灣師範大學社會教育研究所碩士論文，2006 年。

28. 葉蓓華：〈美濃水庫興建之政策網絡分析〉，政治大學公共行政學研究所碩士論文，1999 年。

29. 黃俊憲：〈美濃菸業聚落與菸業建築之研究〉，中原大學建築學系史論文資組碩士論文，2004 年。

30. 詹蕙真：〈從社會運動到社區運動：美濃十年運動之路〉，樹德科技大學建築與古蹟維護研究所碩士論文，2003 年。

31. 廖桂敏：〈地方文化產業發展之實踐：以美濃鎮爲例〉，政治大學公共行政研究所碩士論文，2004 年。

32. 賴慧如：〈現實與文學的糾纏──談鍾理和的貧與病〉，臺灣師範大學國文系在職進修碩士論文，2003 年。

33. 戴佳靜：〈美濃民間故事研究〉，臺北市立師範學院應用語言文學研究所碩士論文，2004 年。

34. 蕭盛和：〈一個客家聚落區的形成及其發展：以高雄縣美濃鎮爲例〉，臺灣師範大學歷史學研究所碩士論文，2005 年。

35. 鄭昭明：〈吳錦發成長文學創作脈絡研究──追尋台灣新少年英雄的文學論述〉，成功大學中國文學研究所碩士論文，2005 年。

36. 鍾怡彥：〈鍾理和文學語言研究〉，彰化師範大學國文研究所碩士論文，2002 年。

37. 鍾怡婷：〈美濃反水庫運動與公共政策互動之研究〉，中山大學公共事務管理研究所碩士論文，2003 年。

38. 鍾兆生：〈美濃地區菸樓空間營造之研究〉，樹德科技大學建築與古蹟維護系碩士論文，2006 年。

39. 羅尤莉：〈鍾理和文學中的原鄉與鄉土〉，東海大學中文研究所碩士論文，1996 年。

40. 羅詩城：〈「美濃反水庫」運動對抗雙方博奕策略之分析〉，中國文化大學新聞研究所碩士論文，2001 年。

（五）網路資料

1. 「客委會數位臺灣客家庄」，網址：http://archives.hakka.gov.tw。

2. 李婧慧：〈北管簡介〉，http://trd-music.tnua.edu.tw/ch/intro/d.html。

3. 〈農業臉譜 戰後臺灣的農業機械化〉，《豐年社》，100.5.12。網址：http://www.coa.gov.tw/view.php?catid=23376&previewdata=1&print=1。

4. 《中華百科全書》，網址：http://ap6.pccu.edu.tw/Encyclopedia/data.asp?id
=3156。